DIYの楽しみ方

始め方から築古再生まで
DIYで大家になった私の「考え方」

赤尾宣幸 著

セルバ出版

はじめに

ＤＩＹを楽しむ人が増えています。そして、こんな声をよく聞きます。

楽しそうだけど、どうやって始めたらいいかわからない。部屋をリフォームして大家さんに叱られた。所有する分譲マンションのリフォームで苦情が来た。築古戸建てを買ったけど、どこから手を付けたらいいかわからない。そこで、そういう人のために役立てないかと本書を考えました。

私が本格的にＤＩＹを始めたのは平成10年ごろ。当時、私は「窓際サラリーマン」でした。

俺はこんな窓際の男じゃない。自分の能力を発揮したい。そう思っていました。また、将来の年金に不安を持ち、退職後も安定した収入を得ることができないかと考えていました。

そこで、競売物件を安く仕入れて、賃貸収入を得ようと考えました。家賃で借入金を返済して、空室のときは給料で補填しよう。退職までに返済が終われば、家賃収入は丸々年金代わりに入ってくる。そういう計算でした。

最初に競売で買った分譲マンションは、やはりひどいものでした。競売物件の怖さが身に染みました。残置物はかなり多いし、室内もかなり汚い。１人でやるのは無理だなと思い、業者さんにお願いしようと考えました。しかし、あまりに高額なその見積もりに打ちのめされました。

そうか、自分でやるしかないんだと考えました。

当時はＤＩＹというより、日曜大工と言っていたような時代。ノウハウの本もないし、まだインターネットもあまり普及しておらず、大苦戦でした。ノウハウを学ぶため図書館に行って、建築、設備、掃除の本を読み漁りました。１人で黙々と悩み、考え、長く、苦しい作業でした。頼れる人は誰もおらず、１人でやる作業は孤独で、ラジオだけが味方でした。

しかし努力は実りました。家賃収入は借入金返済額を上回り、若干の小遣いが入ることとなりました。調子に乗ってその後も競売で分譲マンション２室を購入し、ＤＩＹでリフォームして賃貸にしました。そして、年金程度の家賃収入を確保できるようになりました。

これが私の大家としてのＤＩＹのスタートです。思い起こせば苦しく寂しく辛いＤＩＹでした。次に始めたのが友達と一緒に楽しむＤＩＹです。友達と情報交換しながらスキルはアップするし、友達との会話も楽しめました。友達とのＤＩＹはそれまでとは違う楽しみを教えてくれました。

今は、ＤＩＹ体験会のお声がかかると、講師として参加しています。考え方やノウハウをお伝えしています。参加された方々の驚き喜ぶ姿顔が楽しみになっています。

20年を超えるＤＩＹの経験が、これからＤＩＹを始める人のきっかけになり、すでに楽しんでいる人の参考になればと願っています。

赤尾　宣幸

２０２１年6月

DIYの楽しみ方　始め方から築古再生まで～DIYで大家になった私の「考え方」　目次

はじめに

1章　DIYの始め方

1　手始めにベンチにもなる「作業台」をつくってみよう　12
2　簡単で気分が変わるコンセントカバーや取っ手の交換　19
3　イメージチェンジにシートを貼る　22
4　がんばってクロスを貼る　24
5　ペンキを塗ってみる　28
6　手すりを付けて喜んでもらう　31
7　やり方はネットで。でも「その先」を考えることが大切　34

2章　DIYの楽しみ方

1　小さくても楽しむ　40
2　コスト削減を楽しむ　42
3　達成感を楽しむ　43

4　友達と楽しむ　44
5　親子で楽しむ　45
6　工夫を楽しむ　47
7　自分を褒める　49
8　ネットで楽しむ　50

3章　DIYの考え方

1　けがをしないさせない　56
2　やっていいこととそうでないことをはっきり区別する　57
3　ダメだったらやり直せばいい　58
4　続ければ完成する　60
5　機能から考える　61
6　子供を褒めるチャンス　63

4章　こんなDIYはNG

1　賃貸住宅は原状回復が基本　66
2　分譲マンションは管理組合等との調整が必要　67

3　構造に手を加えてはいけない　69
4　ＤＩＹは自己責任。コンプライアンスも大事　71
5　賃貸ＤＩＹガイドライン　72

5章　道具のそろえ方

1　必要になったら買う　78
2　切る道具＝カッターナイフ、のこぎり　80
3　測る道具＝巻き尺、さしがね、定規　81
4　回す道具＝ねじ回し、電動のドリル、モンキーレンチ　83
5　打ち込んだり抜いたりする道具　85
6　そのほかの道具など　86
7　道具がなくても工夫でカバー。使用頻度も考える　89
8　電動工具を考える　90
9　私の工具箱　93

6章　私なりの物件の見方

1　わかりやすいのは「気」　100

2 外から見る 102
3 傾き 103
4 雨漏り 106
5 シロアリ 108
6 給排水の確認 110
7 分譲マンションの場合 112
8 現地確認に必要なもの 114
9 関係法令の確認 115

7章 リフォームの考え方

1 調整・確認が必要ないか 120
2 何を目的に、いくら費用をかけるのか 121
3 どこまでやるのか 123
4 どういう手順で行うか 124
5 スケジュール管理 125
6 外注を考える 127
7 私のリフォーム事例 129

8 築古戸建てのリフォームを考える 133

8章 実践編

1 網戸張替え・戸車交換 140
2 カランの取り換え 143
3 クロス壁の補修 146
4 畳をクッションフロアやフローリングに 151
5 二重窓 155
6 雨漏りを直す 157
7 排水のつまり=流しの逆流 160
8 沈む床を直す 163
9 床の傾きを直す 167

9章 DIYで得られるもの

1 達成感 170
2 思い出 172
3 コスト削減 174

4 入居者さん目線 175
5 考える力 177
6 機能から考える力 178
7 スケジュール管理能力 180
8 リスクを予測する能力 181
9 人生に自信が 182

10章 私がどうやって大家になったか

1 オヤジの死が物件購入に 186
2 左遷をきっかけに 188
3 時間を価値に変える 191
4 努力は安定収入になった 193
5 高齢者向きアパート購入 195
6 これから大家になりたい人へ 197

おわりに

1 章

DIYの始め方

ＤＩＹを始めたいけど、どうやって始めたらいいですか。

そういう相談をよく受けます。

やりたいところから始めればいいですよとお答えしています。

楽しむためのＤＩＹなら、楽しいと思うことから始めればいいのです。必要に迫られたＤＩＹなら、必要な部分をやればいいのです。

あまり悩まずに、まずはやってみればいいのです。１つの始め方として以下に述べる順番だと始めやすいかもしれません。

難易度、節約効果、おススメ度については、私の主観５点満点で評価しました。

1　手始めにベンチにもなる「作業台」をつくってみよう

難易度2、節約効果3、おススメ度5。
簡単につくれて、D-Yの基本がわかる。

簡単で基礎が学べる便利な作業台をつくってみよう

何から始めていいかわからない人は、簡単につくれて、ベンチにもなる「作業台」をつくってみることをおすすめします。

〔図表１〕

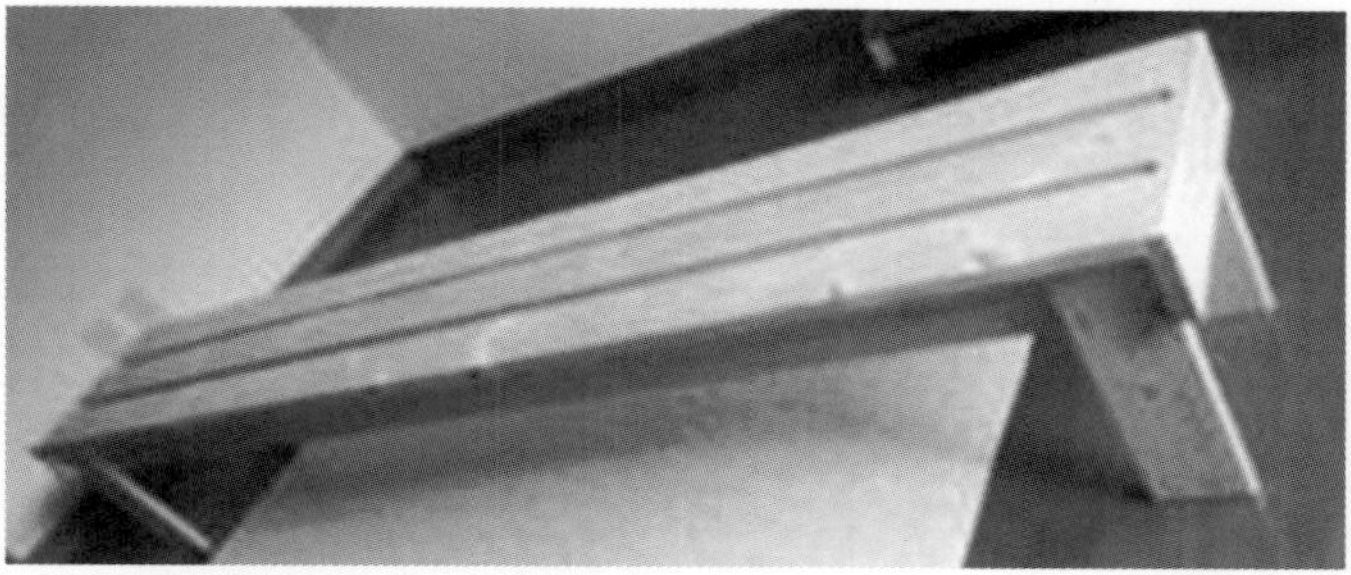

写真説明：簡単にできる作業台。

これで、寸法の取り方、のこぎりの使い方、構造を強くする方法などが理解できます。インパクトドリルを使えば、その使い方も学べます。

つくった作業台は、天井塗装など高い所のＤＩＹをするときに便利なものとなります。

天井塗装は長い柄のローラーで塗ってもいいですが、作業台を使ったほうが塗りやすく、作業効率は格段に向上するし、仕上がりもきれいになりやすくなります。

クロスを貼るときにも便利です。特に天井へのクロス貼りのときは、作業台の上を移動しながら貼ることで作業がスムーズにやりやすくなります。

そして、作業台はベンチにもなるし、リフォーム現場では材料を切るときに便利で、昼寝のベッドにもなるし、食事のときはテーブルにもなります。便利な一品になるでしょう。

また、作業台が必要でなくなったときは、解体すれば本来の「木材」として使うことができます。

〔図表2〕

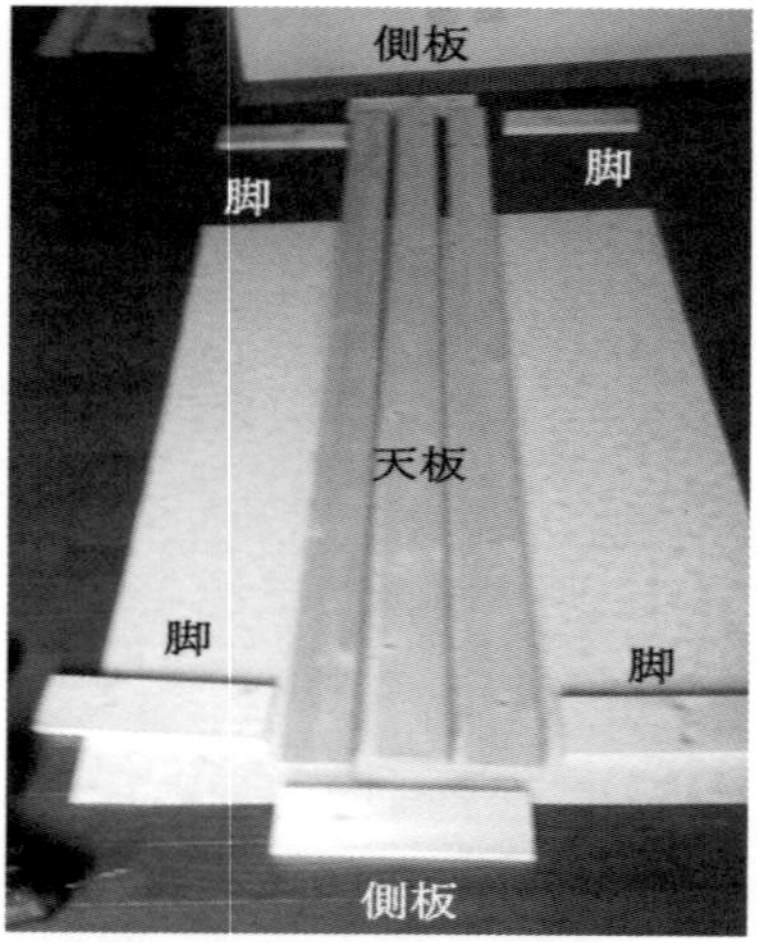

写真説明：作業台は天板を側板でねじ止めして足場板とし、脚の長さで高さを調整する。

作業台の材料

作業台のつくり方は簡単です。材料はワンバイ材7本と、35㎜、50㎜の半ねじです。

ワンバイ材はホームセンターで売っている木材です。断面が幅89㎜、厚さ19㎜です。長さ1830㎜のものが入手しやすいでしょう。

本書ではこのサイズのものをワンバイ材と呼ぶこととします。半ねじとは、ねじ山が途中まで切ってあるねじです。半ねじは木材と木材をしっかり隙間なくくっつけるのに有効です。

作業台のパーツ

作業台は、作業時に乗る部分（以下、足場板といいます）と、高さを出すため4本の脚からなります。

足場板は、乗る部分の「天板」と、天板を両方から止める「側板」からなります。天板はたわみにくいように、板の下（裏）にワンバイ材を縦にねじで組みT字形にして補強します。
まずは作業台の「脚」と、天板をつなぐ「側板」をワンバイ材から切りだします。脚は30㎝とすれば4本で１２０㎝、側板は脚を切った残りの約63㎝を半分に切ります。これで1本のワンバイ材から必要な脚４本と、側板２本が無駄なくとれます。

足場板を組み立てる

次に天板をT字形にして補強します。天板の下に直角にワンバイ材を当てT字形の断面にして、天板の上からねじ止めします。T字形にすることで足場板のたわみが少なくなり、安心して使えます。長さは切らずに１８３０㎜をそのまま使えば、作業台が不要になったときに木材としての転用が容易です。

〔図表３〕

写真説明：天板は直角方向に板を当て、T字形にして補強。写真では下になっている部分に乗ることになる。

天板をT字形にするために使うねじは50㎜の半ねじです。天板の両端と真ん中との計3本を打てば機能します。ねじがちゃんと打てたか不安であればその間に

〔図表4〕

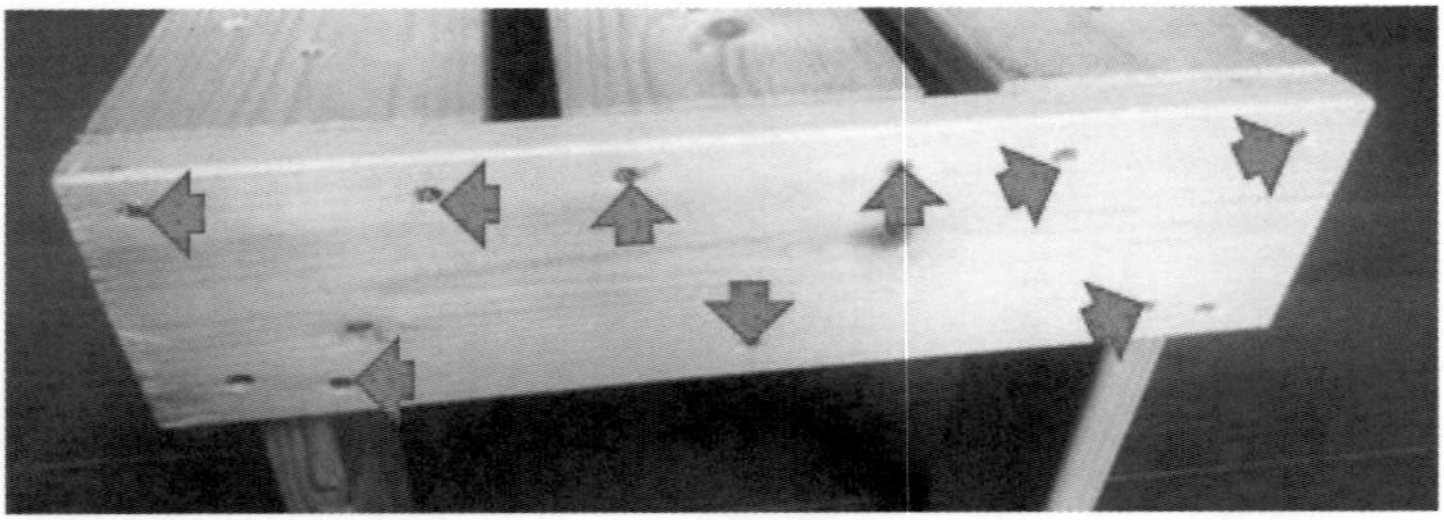

写真説明：天板の上面両端２か所と、補強部の下端１か所を側板側からねじ止め（矢印）する。

増し打ちします。天板の両端は側板からねじで止めるので、ねじ同士がぶつからないように50㎜ほど天板の端部から中央寄りにねじを打ち込みます。

このT字形にねじ止めした天板を3本並べ、両端に側板を当て、側板がわから（外側から）ねじでしっかり止めます。これで足場板が完成です。

脚を取り付ける

足場板ができたら、これに脚を付けます。この脚の長さを変えることで、作業台の高さが調節できます。

作業台は基本的には50㎜のねじで組み立てます。しかし、足場板の横に脚を取り付けるときは50㎜のねじだと、長すぎて先端が板から飛び出してしまいます。

誤って触れると危険なので、ねじは35㎜とし、ねじの先がワンバイ材2枚分の、19㎜＋19㎜＝38㎜の板から出ないようにします。

脚は足場板の横（天板を補強する垂直の部分）と、側板に

〔図表５〕

写真説明：脚は足場板の外側に付ける。脚の外側からと、足場板側（脚の内側）からと、側板側からねじ止めする（星印）。

〔図表６〕

写真説明：平らなところに置いて、脚３本で安定させる。その高さに合わせて４本目の脚をつける。

ねじ止めすると丈夫になります。足場板の横からのねじは、脚の外側から足場板（Ｔ字に補強した垂直部分）に向けてと、足場板の内側から脚に向けてとで、両方向から止めるとより安定します。

脚はまず３本だけを取り付けます。残りの１本は平らなところに作業台を置いて現物に合わせて付けます。３本の脚でがたつかないように立たせておいて、その高さに合わせて４本目を付けます。

こうすることにより、がたつきの少ない作業台が簡単にできます。

作業に必要な道具

この作業に必要な道具は、巻き尺、鉛筆、のこぎり、ねじ回しです。

さしがねがあると、材料に直角な線が簡単に引けます。さしがねがなければ、別のワンバイ材を載せて、木口（木材の長手方向に直角な断面。工場で切った部分）に合わせて線を引くことも可能です。また、インパクトドリルがあると、ねじ止めが容易で、初心者でも30分くらいで作業は完成します。

工夫次第でクオリティーがあがる

作業台作成はＤＩＹ入門用の、簡単で満足度の高い作業です。のこぎりの使い方、ねじの止め方、構造を強くする工夫が体験できます。

乗る部分である足場板を半分の長さの９１５㎜にすればコンパクトなベンチになるし、必要なワンバイ材は４本で済みます。さらに半分の４５７㎜にすればイスとしても使えます。足場板の上に合板を貼るとテーブルとして使いやすくなります。乗る部分を広くしたければ、Ｔ字形の天板を４本５本と増やし、それを止める側板を長くすれば対応できます。

さらに、ちょっとした工夫をすることによりクオリティーが上がります。紙やすりで表面を磨けば手触りがよくなります。また、塗装をすると見栄えもよくなり、満足度の高い「作品」になります。

脚が長くなる場合（台を高くする場合）は、天板をT字形にして補強したように、脚をL字やT字に組んでねじ止めすることで強度が増します。脚と脚をワンバイ材で斜めにつなぐと筋交いになり、強度が増すことを実感できます。

2　簡単で気分が変わるコンセントカバーや取っ手の交換

難易度1、節約効果2、おススメ度4。

とにかく簡単にDIYが楽しめる。

いきなり作業台はちょっとという人向き

作業台作成は簡単で、ＤＩＹの基礎が学べるし、つくったぞ！　という実感があります。天板の長さを短くしたり、幅を広くしたりすればベンチやイスやテーブルにもなります。塗装しても楽しい。ＤＩＹ入門としては最適だと思います。

しかし、それはまだ無理だという人は、お手軽ＤＩＹの代表ともいえる、取っ手やコンセントカバーの交換はどうでしょうか。取っ手や、コンセントカバーの交換は外して取り付けるだけなので、簡単です。しかし、古くて汚れたものが新しくなるときれいだし、オリジナルなものを取り付ける

〔図表７〕

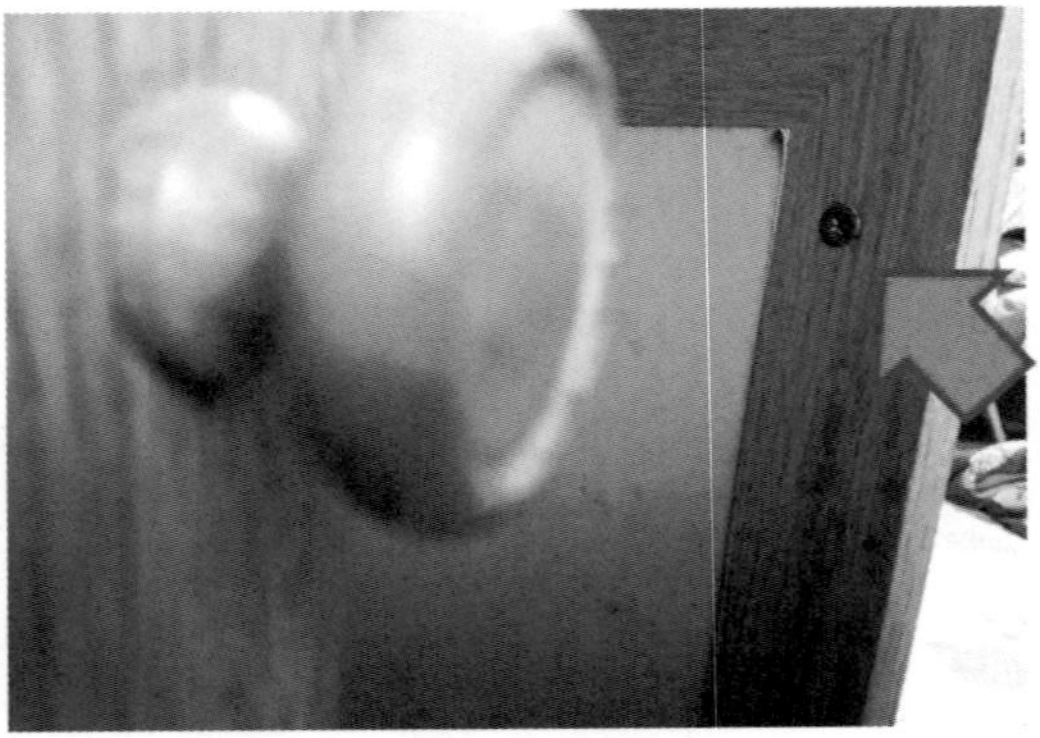

写真説明：取っ手は扉の裏（矢印の部分）からねじ止めされていることが多い。

ことで満足度もアップします。必要な道具はねじ回しです。

取手の交換

流し台の扉などの取っ手の場合は、扉の取っ手の反対側（裏側）からねじ止めしているケースが多いでしょう。そのねじを緩めれば古い取っ手が外れます。サイズの合う新しい取っ手をねじで取り付けるだけです。

取っ手はいろんなタイプが売ってあるので、好きなものを選んで取り付けます。

コンセントカバーの交換

コンセントカバーは、コンセント自体を取り付ける金具があり、コンセントはこの金具を介して壁にねじ止めされています。

その金具にプラスチックのプレート状の物を介

〔図表８〕

写真説明：既存のカバーを外し新しいカバーを付ける。写真左の既存のカバーはねじ止めタイプ。写真右の新しいものは爪をはめこむタイプ。

してカバーが取り付けられるようになっているケースが多いでしょう。

カバーはねじで止めるタイプや、小さな爪をはめて取り付けるタイプなどがあります。ねじで止めてあるものは、ねじを外せばとれます。

外からねじが見えないものは、カバーとプレートの間の隙間にへらなどを差し込んで、静かに開けば外れるはずです。

外した後に新しいものを取り付けます。

カバーを金具に直接ねじ止めするタイプなど、新しいカバーが既存のプレートにうまく合わないときはプレートごと交換します。

取っ手やカバーを好みのものに変えるだけで雰囲気が変わります。

これは簡単にできるし、費用も安いので初めての人でも取り組みやすいでしょう。ＤＩＹは全く初めてで不安。そんな人にぴったりです。

3　イメージチェンジにシートを貼る

難易度3、節約効果2、おススメ度4。
貼る面積が狭いと簡単。広くなるとクロスより難しい。

貼るだけの簡単なシート貼り

流し台や、洗面台の扉にシートを貼るのもいいものです。自分の好きな柄・デザインのシートを買ってきて貼ります。これだけでも随分感じが変わるし、達成感も味わえます。安いものを買ってきて、失敗したら貼りなおしてもいいのです。高価なシートは、多少伸びたりして貼りやすかったりします。

マスキングテープというものもいいです。これは塗装の際にペンキを塗りたくない部分に貼るテープで、普通のテープと違って剥がしやすいものです。最近はおしゃれなものも多く、気に入った柄を選んで貼りましょう。

鏡のふちにシールやマスキングテープを貼ると、額縁のようになって楽しいかもしれません。

シート貼りに必要なのは、貼りたいシートと、シートを伸ばす樹脂製ヘラや布、カッターナイフです。

〔図表９〕

写真説明：カッティングシートを鏡のふちに張るとおしゃれに。

作業のポイント

作業のポイントは、貼る前にシートを貼る大体の位置を考えることと、貼る面とシールの間に空気やゴミを残さないことです。でも、最初のうちはなかなか難しいかもしれません。失敗を気にせずにチャレンジすればいいのです。もしシートの下に空気が残っても、針で穴をあければ空気が抜けるので、ある程度はごまかしができます。

広い面積に貼るのは、初めのうちはちょっと難しいので、狭い面積の物から始めるといいでしょう。

娘が、流し台の扉にレンガ模様と木目のシートを貼っていました。百均で買ったそうです。本人は大満足。仕上がりはそれなりですが、自分でやったことの満足感は大きかったようです。おお～。うまいじゃん。と褒めたらたいそう喜んでくれました。

簡単なことでいいから、まずはやってみて自分で満足する。できれば人から褒めてもらう。それがＤＩＹの偉大な第一歩です。

〔図表10〕

写真説明：娘が貼った流し台のシート。仕上がりが多少悪くても、自分が満足すればそれでいい。

シートは貼るだけでできるお手軽ＤＩＹです。貼る面積が少ないときはとても簡単です。

しかし、面積が大きくなると意外と難しかったりします。

貼りたい位置に貼れなかったり、斜めになっても気にする必要はありません。まずは楽しんでみましょう。

4　がんばってクロスを貼る

難易度3、節約効果4、おススメ度5。
DIYの定番。納得いくまで何度もチャレンジ可能。

DIY入門の定番クロス貼り

ＤＩＹ入門の定番は、もしかしたらクロス貼りかもしれません。クロスを貼ることで部屋の雰囲気がガラッと変わります。道具もたいして要りません。壁の一面に貼るだけなら簡単です。うまくいかないときは何度でも貼り直せます。そういう面では貼り直しが難しいシートより簡単です。

また、外国製の「はがせる壁紙」だと、貼って合わせるだけなのでシール感覚で貼れます。簡単に貼れて、デザインも豊富です。本書では広く普及している「普通のクロス」について述べます。

必要な道具

必要な道具は、巻き尺、カッターナイフ、クロス用刷毛（なでばけ。なければタオルでも可）、地ベラ（壁に貼ったクロスを切るときに使う大きなヘラのような道具）、ジョイントローラー（クロスの継ぎ目を圧着するローラー）、糊付け用ローラー刷毛（クロスに糊を塗るローラー）、バケット（糊を入れてローラーに糊を付ける皿）です。スポンジと竹ベラはあると便利です。必要な材料はクロスと糊とジョイントコーク（継ぎ目の接着用）です。

やり方

やり方は簡単。貼り替えであれば、まず既存のクロスを剥がします。剥がした後に薄い紙が残ることがありますが、浮いてたり、膨らんでたりしてなければ、そのままで大丈夫です。あとはクロスに糊を付けて、２～３分待って、壁に貼るだけです。

糊にはそのままクロスに塗るタイプや、水で薄めて使うタイプがあります。糊をローラー刷毛でクロスに塗ります。ポイントは塗り残し（糊がついてない部分）がないように塗っていくことです。

また、長いクロスを貼るときは、糊を付けた面同士を合わせて折りたためば作業が楽です。

クロスには天と地（上と下。クロスのデザインの向き）があります。どちらが天かを頭に入れて貼っていきます。天と地はクロスのふちに書いてあります。あるいは片方のふちにマークが書いてあったりします。天と地を間違えて貼ると、色が微妙に違って見える場合があるので気を付けます。

糊を馴染ませたら、貼りはじめの位置を決めて（位置を合わせて）、クロス上端から壁に押し当てていきます。クロス用刷毛（またはタオル）でクロスの上端を押さえたら、中央部を上から下に向かって真っすぐ軽く押さえていきます。クロスの位置が正しいか（うまく収まっているか）を確認します。正しければ、中央から右に、中央から左にと交互に外に向かって刷毛で軽く押さえていきます。この作業を上から下に向かって続けます。

クロス貼りのポイント

ポイントは2つ。1つは貼り始める前にどういうふうに手（刷毛）を動かすかを、あらかじめ頭の中でイメージすることです。上端を押さえる、縦にまっすぐ刷毛をおろす、次に真ん中から左右に刷毛を動かす。というふうに作業の流れをあらかじめイメージすると貼りやすくなります。

もう1つは、内側から外側に押さえていくこと。こうすれば空気は簡単に出ていきます。もし空気が残ったり（膨らんでしまったり）、位置決めに失敗したら、剥がしてやり直せばいいのです。

〔図表11〕

写真説明：先に貼ったクロス（写真では白）の上に、継いでいくクロス（黒）を重ねて貼る。重なった部分を２枚一緒に切る。先に貼ったクロスと後から貼ったクロスの切り取った部分を取り除く。必要に応じでジョイントコークを塗って２枚を合わせてジョイントローラーで押さえる。

何度も失敗して糊が乾いて貼れなくなったら、また糊を付ければいいのです。ただそれだけのことで、恐れることはありません。位置が決まって、全体を押さえたら、余分なところは地ベラを当ててカッターナイフで切ります。

継ぎ目がなければこれで終わりという簡単ＤＩＹです。シートに比べて貼りなおしが簡単です。糊なので、納得いくまで何度も貼りなおせます。

クロス貼りの継ぎ方

クロス貼りで難しいのは継ぎ目と、隅の部分の処理でしょう。

継ぎ目はクロスを上下に2枚重ねます（先に貼ったクロスの上に、後から貼るクロスを重ねる）。カッターナイフで重なった部分を2枚一緒に切ります。先に貼ったクロスとあとから貼ったクロスの切り取られた余分なところを取り除いて、再びクロスを合わせて（あとから貼ったクロスを、先に貼ったクロスの切り目に合わせて）、軽く押さえたのちにジョイントローラーを転がして押さえていきます。必要に応じてジョイントコークを塗って貼ります。

クロスを貼る前の下地処理や、継ぎ目の処理、隅の処理は難しい部分もありますが、やっているうちに慣れてきます。

まずはやってみて、うまくいかなかったら剥がして貼りなおせばいい。そういうことが容易にできる気楽なＤＩＹです。クロスは厚手のものだと下地の凸凹を拾いにくいので下地が多少悪くても大丈夫です。また、継ぎ目で柄を合わせなくても済むデザインだと楽に貼れます。

カッターナイフは小型のものが使いやすいし、刃は黒いクロス用の刃を使うと切りやすく、仕上がりもきれいになります。

インターネットで「クロス貼り方」と入れて検索すると、いろんな動画が出てくるので、それらを参考にすることもできます。クロス貼りに限らず、わからないことはインターネットで検索すれば、写真や動画でわかりやすく理解できます。

5　ペンキを塗ってみる

難易度2、節約効果3、おススメ度5。

がんばれば成功する。重ね塗りで、よりきれいになる。

もう1つのDIY入門の定番ペンキ塗り

ペンキ塗りもクロス同様、入門の定番でしょう。時間はかかるかもしれませんが、必ず成功します。違う色のペンキを混ぜてオリジナルの色をつくって塗れば、さらに満足度がアップします。

ペンキには水性と油性があります。初心者には水性がおすすめです。水性は塗りやすいし、使った道具は水洗いができるので、後片づけが容易だし、手に付いたペンキも取れやすい。塗りたくない部分にペンキが付いても、乾く前なら水に濡らした雑巾で拭けばとれます。

塗る前に紙やすりなどで下地を磨いてきれいにすると、塗料がきれいに塗れるし、長持ちします。

ペンキ塗りのポイント

私流のポイントは、ペンキを少し水で薄めて、薄めのペンキで3回くらい塗ります。こうすることで塗りやすくなるし、ムラも目立たず、きれいに仕上がります。

失敗例としては、①塗りたくないところまで塗った、②塗りムラができた、③ペンキが垂れて膨らんだ、④剥がれてしまった、といったところでしょうか。

①の塗りたくないところについては、マスキングテープで塗りたくない部分をあらかじめ養生(保護)しておきます。マスキングテープはテープ端部(塗装するところと塗りたくないところの境目)を隙間なくしっかりと貼り付けることがポイントです。端部に隙間があるとそこにペンキが入って

しまいます。布などでこすってしっかりテープを押さえるといいでしょう。また、床にペンキが落ちても問題がないように、ブルーシートや段ボールなどを敷いておけば安心です。ちなみに、水性ペンキは、乾いた後でも、雑巾で何回もこするように拭くと取れたりします。そういう面でも水性は便利です。

②の塗りムラについては、薄めのペンキで何回も重ねて塗ればムラがわからなくなります。先に塗ったペンキが乾いてから重ね塗りをします。苦手な人でも3回塗ればだいたいきれいになります。塗りムラで凸凹するときは、紙やすりで磨けばきれいになります。

③のペンキの垂れについては、刷毛にペンキを付け過ぎないようにすることでかなり防げます。また、刷毛を強く押さえすぎたりするとペンキが垂れたりするので、力加減を考えます。塗り終わったら垂れがないのを確認し、あれば塗りなおします。うまく取れない場合は乾いてから処置します。垂れて膨らんだ部分を乾いたのちに紙やすりで削って、再度塗れば目立たなくなります。ゴミや糸くずなどが付いた場合も同様に処置します。紙やすりは番号で目の粗さが違います。番号が小さいほうが目は粗くなります。木材に塗るなら100番か200番でいいと私は思います。仕上げの精度をより高めたいなら、400番などのもっと大きい番号のものを使えばいいでしょう。

④の剥がれは、下地に油分やほこりなどがある場合に起こりやすくなります。この場合は、紙やすりで下地をしっかり磨けばだいたい防げます。素材によってはプライマーなどといった、特殊な処理が必要になりますが、そのときはネットで調べるといいです。

6　手すりを付けて喜んでもらう

難易度3、節約効果5、おススメ度5。
補助板で意外と簡単にでき、他人に喜んでもらえる。

喜ばれてうれしい手すり付け。補助板使用で簡単に

おばあちゃんのために、手すりがあればいいなと思うこともあるでしょう。また、若い人でも階段などには手すりがあると安全です。手すり取り付けは他の人にも喜ばれるＤＩＹです。

手すりを付けるのは難しい。そう思っている人は多いかもしれません。

確かに、壁の下地を検討して、間柱（壁の中にある、石膏ボードや板を取り付ける柱）を探して、それに直接手すりを付けるのは難しいかもしれません。しかし、ワンバイ材や合板などを「補助板」として壁（間柱）に取り付け、その補助板に手すりを付ければそんなに難しくありません。また、補助板の幅（上下方向）が広ければ、手すりの高さの調整も簡単にできます。

壁の材質や構造により取り付け方が変わりますが、取り付けは次のような感じです。

まず、手すりを付けたい位置に線を引く。マスキングテープを貼ってもいいです。

その線に沿って壁をこんこんと軽く叩いてみる。間柱のある所とない所では音が違います。音が

〔図表12〕

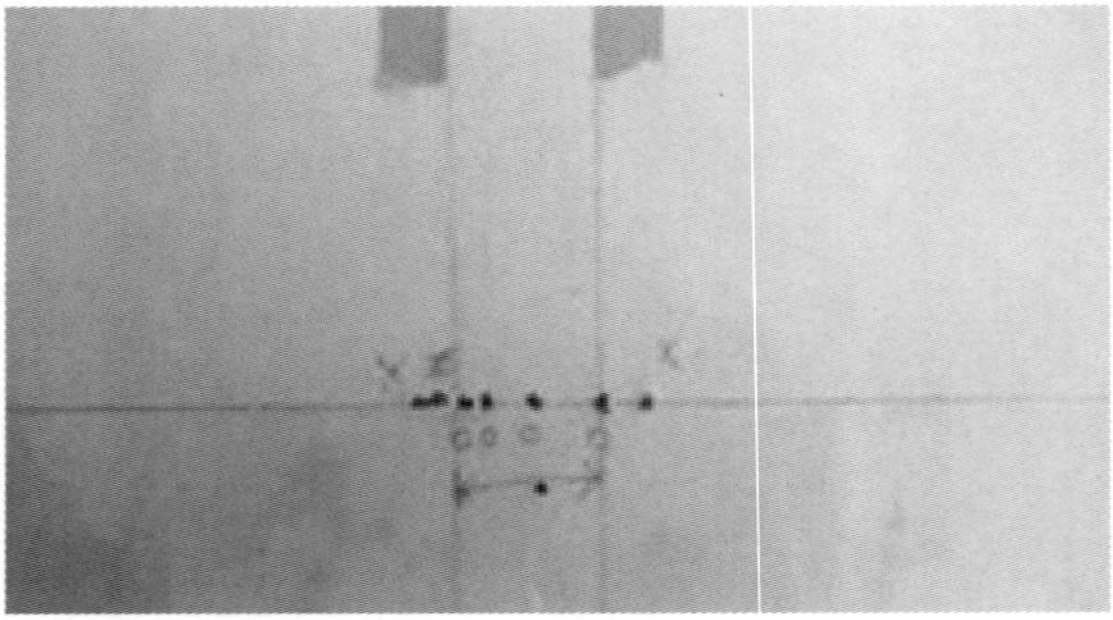

写真説明:手すりを付けたい位置に線を引き、間柱を探す。間柱はねじを打ち込んで探して（確認して）いい。間柱がない所はねじがしっかり止まらないが(写真×印)、間柱のある位置はねじがしっかり止まる（写真丸印)。

軽い部分は間柱がありません。間柱は音が重い部分にあります。探し出した間柱にねじを打って止めれば、しっかり固定することができます。ちなみに、間柱は約45㎝間隔で入っていることが多いです。

間柱の位置がよくわからなければ、ねじを打ち込んで確認します。間柱のある所はしっかり固定されるし、間柱のない所はしっかり固定できないので確実に探すことができます。もし、間柱を探すために打ったねじが間柱の位置からずれていて、ねじがしっかり固定されないなら、その少し隣にねじを打って確認します（図表12）。

こうしてねじがしっかり固定される間柱の位置を見つけ、その位置にマスキングテープなどで印をつけます。その印に合わせてねじを打って、補助板を間柱に固定します。高さは補助板に付けた手すりが、手すりを付けたい高さになるようにします（図表13）。

位置を表すために引いた線と、ねじであいた穴も補助板を固定すれば隠れるので気にすることはありません。

そして、その補助板に手すりを付ければいいので、間柱の位置と手すりの長さを気にすることなく取り付けることができます。

ねじがしっかり固定される部分が見つからないときや、土壁のときは、近くの柱に届く長さの補助板を使い、直接その柱に付けてもいいです。

〔図表13〕

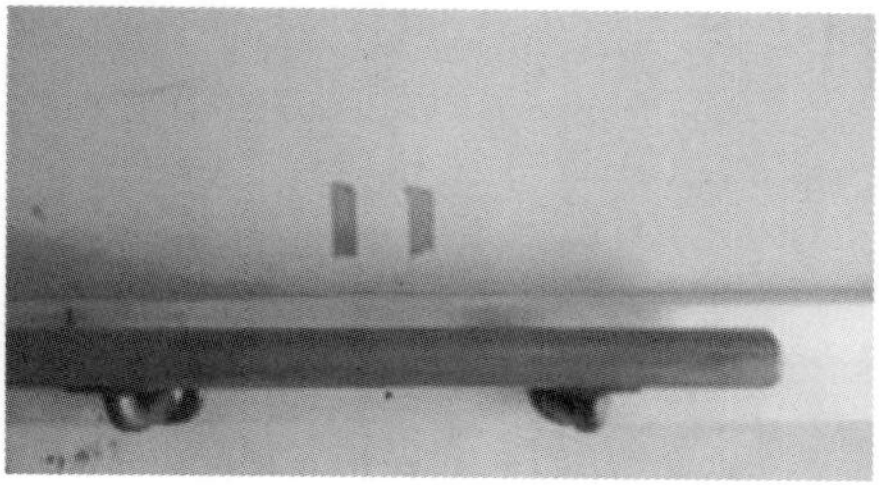

ＤＩＹならではの発想

業者さんはこういう補助板を使うやり方は「見栄えが悪い」ので嫌いますが、「ＤＩＹなので」と割り切れば問題はありません。むしろ、補助板に色をセンスよく塗れば見た目もきれいにすることができます。

注意するべき点は、壁の向こうに配線や配管がないか確認することです。特にコンセントがある場合は配線があるかもしれないので要注意です。確実に間柱を探してねじを打ちます。

また、下地センサーという道具を使えば、間柱や電線をより簡単に探すことができます。下地センサーは針状の物を刺して物理的に探すものや、電池を使ったセンサーで探すものなどがあり、１０００円～３０００円くらいで手に入れることができます。

このように、「その先に何があるか」を考えることは、ＤＩＹには重要な考え方です。

7　やり方はネットで。でも「その先」を考えることが大切

「その先に何があるか」を考える

やり方を文章で理解するのは難しいかもしれません。しかし今はネットで検索すればだいたいのことは画像で見ることができますし、動画の投稿も多くあります。わからなければインターネットで検索すればいいのです。検索は、「クロス貼り方」「ペンキ塗り方」などで十分。わかりにくければ他の投稿をクリックする。そんな軽い気持ちで始めて大丈夫です。

ただ、忘れてはいけないこともあります。それは「その先に何があるか」を考えることです。例えば、壁にねじを打つ。ねじの先は何か？　空間？　間柱？　電線？　何があるかを考える。そして、もしそれに到達したらどうなるかを考える。電線をねじで破ったら危険だな。じゃあ、電線がないかしっかり確認しようということになります。

ほかにもやってはいけないこと、注意しなければならないお約束事＝ルールがあります。詳細は3章と4章で述べますが、最低限のルールを守って、楽しんでほしいものです。

ＤＩＹを楽しむ。でも、その先のリスクを考えるのは重要です。そういう慎重な習慣がＤＩＹで身に付けば、これは人生にも活かせることになります。

コラム・魔法の材料ワンバイ材

私はＤＩＹにワンバイ材を多用します。断面の形状によって１×１（ワンバイワン）、２×４（ツーバイフォー）などの呼び方をします。私が主に使うのは１×４の断面で長さは1830㎜のものです。本書ではこの１×４のサイズをワンバイ材と呼んでいます。

この材料のいいところは、安価で使いやすいことです。

１枚ではたわみが大きかったり、強度が弱い場合は、ねじでＴ字やＬ字に止めて（組んで）「構造体」とすることで、強度が増す。１章の作業台の天板（足場板）は、ワンバイ材をＴ字に組むことで、足場板の軽さと強度を同時に実現しています。脚を長くして高さを確保したいときは脚をＬ字型に組めば強度が増す。また、脚が長くてぐらぐらするようなら、脚と脚をワンバイ材で斜めに止めて筋交いにすれば安定します。

私は、和室の洋室化などにもワンバイ材を使います。畳を撤去し、床にワンバイ材を敷いて、その下にパッキンを入れて根太（床板を止める下地用の材料）とすることが多い。合板を上からねじ止めするときも幅が広いので安心です。合板と合板の継ぎ目は、ワンバイ材を継ぎ目の下に当てて、両方の合板を１つのワンバイ材にねじ止めすることでしっかりとした継ぎ目になります。ねじは「半ねじ」を使うことでより強固に締結できます。

工夫次第で使い方も様々です。解体時にてこ代わりに使うこともできるし、材料をカッターで切るときや、長い線を引くときに定規代わりに使うこともできます。ちょっとした仮止めなどをするときも便利です。

ワンバイ材の問題点は「反りや欠け」が多いことです。反りや欠けの少ないものを選んで買うという工夫が必要です。

コラム・コーススレッド全ねじと半ねじ

ＤＩＹでワンバイ材を扱うときに使うねじはコーススレッドです。

コーススレッド（Coarse thread）のコース（Coarse）は粗い、スレッド (thread) はネジ山という意味をもつ。一般的な木ねじよりねじ山が大きく、ねじ山とねじ山の幅（間隔）も広い。

釘に比べて引き抜きにくく、材料をしっかり固定することができます。インパクトドリルを使えば打ちやすく、抜きやすい。ワンバイ材とコーススレッドのおかげで、かなりＤＩＹが簡単にできるようになりました。

ワンバイ材にねじを打つときに下穴（あらかじめあける穴）は基本的には不要で、インパクトドリルでねじは簡単に入っていきます。ねじのサイズや種類はいろいろありますが、細身のものだとワンバイ材が割れにくいです。

ねじには全ねじと半ねじがあります。これは重要な知識です。

ねじ山がねじの先端から頭の部分まで切ってあるのが全ねじ。これに対して途中までねじ山が切ってあり、頭の近くにねじ山がないのが半ねじです。木材をしっかり隙間なくくっつけるには半ねじが便利です。全ねじだと、木材と木材の間に隙間ができやすい。その隙間はねじを奥まで打ち込んでもなくなりません。これに対して半ねじだと、隙間があってもねじを締めていくと最後には隙間がなくなってしっかりと圧着できます。

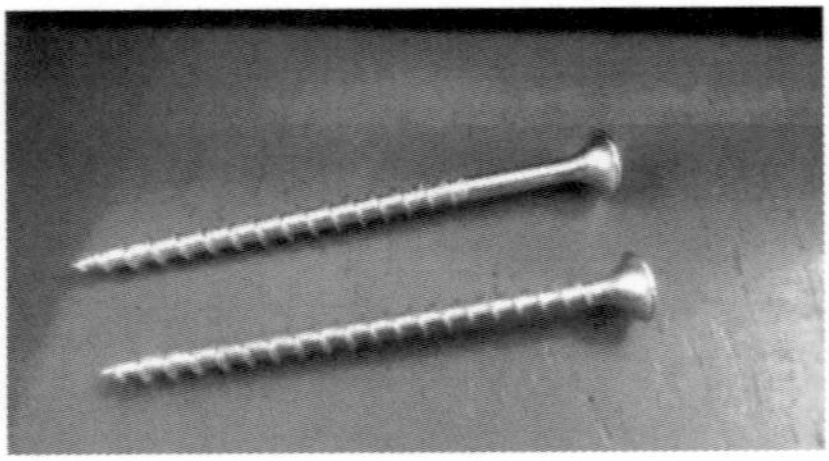

写真説明：上が半ねじ、下が全ねじ。半ねじはねじ山が途中で終わっている。

ねじを打つ場所や、ねじを打つ本数や、長さを変えていけば、効率よく安全に木材を結合できます。

コラム・たわみとねじの本数と長さ

第１章で述べた作業台。軽くても安定したものとするために、天板の下にもう１枚の板を垂直に取り付けています。

こうすることで、天板のたわみを減らして安心して使えるようにしています。

本文中には止めるねじは３本、気になるようだったら増やせばいいと書きました。

では、ねじは何本が適当なのでしょうか。ねじの本数が増えると、2つの板同士がより強固にくっつけられるはずです。強固にくっつけばたわみが減るかもしれません。

しかし、ある一定数を打てば、そこから先はあまり変化がないのではないかと考えました。

そこで、テストをしてみました。方法は２枚の板をまず35㎜のねじ３本でＴ字形に止めます。そして、荷重をかけてたわみを測ってみます。Ｔ字形に組んだ板の両端を合板の台で支え、板の中央付近に息子に乗ってもらい、何ミリたわむか測ることにしました。

床上からＴ字の下端まででの高さを、板の真ん中の位置で測ります。次に真ん中に人が乗ったときの高さを測ります。人が乗っていないときと乗ったときの高さの差がたわみとなります。

実際にやってみると、乗り方によって、測定結果が微妙に違います。そこで、乗ってないときと乗ったときの高さを３回測ってみて、一番多く出た数字を測定データとしました。

まずは、ねじ直径3.3㎜、長さは35㎜を使いました。結果は３本のときが８㎜、５本のときが８㎜、７本のときが８㎜でした。測定誤差もあるでしょうが、３本打てばたわみに大きな差はないことがわかりました。

次にねじの長さによるたわみの違いも測ってみました。ねじ直径3.3㎜と同じですが、約1.5倍の長さの50㎜のねじを使って測ってみました。

ねじが長いので、その分板同士は強くくっつくはずです。強くくっつけば、よりたわみにくくなるかなと考えました。結果は35㎜のときと同じでした。

35㎜と50㎜では長さの差による違いはないという結論になりました。

最後に、ねじを打つ本数による違いを測定してみました。本数が増えれば板同士はより強固にくっつくはずです。ねじは50㎜で、今回のテストで最強の結合方式です。結果は３本のときが８㎜、５本のときが９㎜、７本のときが８㎜でした。５本のときのたわみが1㎜大きくなりましたが、これは測定誤差だと考えました。

非常にアバウトな実験ですが、35㎜を３本打てばたわみに大きな差が出ません。50㎜であってもその差は大きく出ないということがわかりました。

ねじの本数や、長さが変わってもたわみがあまり変わらないのは、垂直に止めたワンバイ材が強固にくっついていても、たわみには関係しない。すなわち、たわみを押さえるのは、構造、組み方であり、ねじでたわみが抑えられるものではないということなのでしょう。たわみを防ぐのはワンバイ材であり、ねじはその部材同士が動かないようにするだけの効果なのかもしれません。

以上から、35㎜３本であればたわみには支障はないといえます。しかし、使っているうちに何度も荷重がかかると、状況が変化することもあるでしょう。そこで、耐久性を考慮して50㎜を使っています。

脚は35㎜で取り付けますが、長く使っているとぐらつくことがあります。こういうときはねじを増し締めや打ち増しすることで再び強度が確保できるようになったりします。

こんなふうにいろいろ考えながら試していくのも面白いと思います。

考えて、つくってみて、使ってみて、ダメなら直す。ＤＩＹならそういう楽しみ方もできます。

ＤＩＹは危険でなければ、自由に楽しめばいいと思います。

2 章

DIYの楽しみ方

ＤＩＹにはいろんな楽しみ方があります。それは人それぞれで構いません。

私は手先が不器用だから・・・などと考える必要はありません。自分が楽しければそれでいいのです。自分が満足できればそれでいいのです。人に迷惑を掛けない限り、法に触れない範囲で自由に楽しんでほしいものです。

そうはいっても、どんな楽しみがあるの？　という人のために、私なりの楽しみ方を書いてみました。

1　小さくても楽しむ

その人に合った楽しみ方

私は物件持ってないし、道具もノウハウもないので・・・
そう考える人も多いでしょう。でも、楽しみ方はいろいろあります。その人に合った楽しみ方をすればそれでいいのです。
ペンキ塗りは下手なのでと言っていた女性。自信がないので、普段は見えないクローゼットの奥を好みのピンクで塗装。それは、違う色のペンキを混ぜてつくった彼女オリジナルの色。クローゼットの奥だから下手でも大丈夫と割り切ってチャレンジ。クローゼットを開けるたびに輝いて見えるオリジナルカラー。とても幸せな気分になったそうです。

娘が貼った流し台のシート。もとは白で殺風景だったという。レンガのおしゃれなシールを貼ったので、「私だけ」のオリジナルな流し台になり、とても嬉しいという。隅の部分に多少隙間があるけど、わざわざ見るものではないので気にしないという。「今度はどこをやろうか」と考えるのも楽しいそうです。

テレビ台がなかったので、ブロックを買ってきてそれを脚にして板を載せた人。テレビの位置がちょうどいい高さになったし、下には小物が置けて便利になったので大満足といいます。

コンセントカバーも１００円くらいから入手できます。カバー交換は簡単です。簡単でも、コンセントカバーの交換だけで、ずいぶん雰囲気が変わります。

流し台や洗面台の取っ手交換もいいですね。鍋蓋タイプでキャラクター付きの取っ手にすると、かわいくていいかもしれません。ねじ回しがあれば簡単に交換できますし、原状回復（もとの姿に戻すこと）も簡単です。

楽しみ方はいろいろです。小さくても、自分が楽しめればいいのです。自分が満足できればそれで十分です。

なかなかＤＩＹを始められない人がよく言うのが「ちゃんとしたＤＩＹをしたい」という言葉です。でも、小さくてもいいから、まずは楽しんでみてはいかがですか。

難しく考えることはありません。まずは楽しんでみることです。楽しみが楽しみを呼んでいくこともあります。

2　コスト削減を楽しむ

初めはつらくても面白くなってくる

私がＤＩＹを始めた目的はコスト削減でした。「自分の時間」をＤＩＹという形で、コスト削減という「価値」に変えていきました。しかし、１人で黙々と行う孤独なＤＩＹでした。楽しむというよりは、コスト削減という目的だけという感じでした。

しかし、慣れてくると面白くなってきます。水道のパッキン交換は業者さんにお願いすると数千円かかりますが、自分ですれば数十円だったりします。網戸の張替え、ふすまの貼替えも１枚２０００円～３０００円くらいですが、自分でやれば数百円です。節約できたことで嬉しくなってきます。腕が上達してくれば節約効果がさらにアップします。カラン（水栓）交換を自分ですればカラン代の1万円程度です。業者さんにお願いすると3～5万円かかったりします。30分の作業で2～4万円の節約になります。コスト削減効果も高くなります。

コスト削減効果が高くなると、楽しくなってきます。

コラムにも書きましたが、賃貸物件で「トイレの壁が腐る」という事象が発生しました（１１７頁）。管理会社と業者が現地を見て「壁を張り替えなければだめだ」といいます。そうすれば確実に10万円を超えるでしょう。そこで、自分自身で現地を確認したうえで、入居者さんのご希望を聞きました。結局、壁はクロス代の数百円で済みました。優に10万円はコスト削減ができたことになります。かかった作業時間は3時間。時給にすれば3万円以上の仕事です。入居者さんのご希望も活かせた、満足度の高いＤＩＹでした。

コスト削減の効果は、腕が上がると作業自体が早くなるし、難易度が高いものもできるようになります。コスト削減の効果はますます高くなり、楽しみは加速度的にアップします。

3　達成感を楽しむ

がんばることのご褒美

私は、コスト削減のためにＤＩＹを始めました。しかし、当時の私にはやり方がわかりませんし、教えてくれる人もいません。インターネットで調べるのも難しく、ホームセンターに行っても材料が手に入りにくい時代でした。正直なところ、苦悩の連続でした。

道具を買うお金もなく、のこぎりとねじ回しとプライヤーがメインの道具。網戸張替えのゴム押さえまでねじ回しで行っていました。

教えてくれる人も、一緒に作業してくれる仲間もなく、1人黙々と作業。うまくいかずに1人で悩み、うまくいかない原因を1人で考え、1人でやり直したりしました。ひたすら時間を作業に交換していきました。孤独で、気の遠くなる作業でした。しかしその分、完成したときの達成感は大きかったです。

リフォームが終わり、募集をかけると間もなく入居者さんが決まりました。その日から家賃収入が生まれました。それも相場より高い家賃です。家賃収入から月々の借入金返済をしてもお金が残ります。ＤＩＹの努力は報われ、仕上げたことの達成感と、家賃収入を得るという目的の達成感が味わえました。会社ではもはや味わえなくなっていた大きな達成感を味わえました。

競売マンションのリフォームは、経費削減目的の孤独なＤＩＹでした。その努力の結果は大きな達成感でした。それが当時最大のＤＩＹの楽しみ方でした。もちろん、今も達成感は感じています。ただ、それ以外の喜びや楽しみも増えてきました。

4　友達と楽しむ

ＤＩＹを通して生まれる楽しみ

コスト削減目的の孤独なＤＩＹで、競売マンション3室をリフォームしました。それらは家賃収入を生み出してくれます。収入確保という目標も達成し、さらなる達成感を感じていました。

そんなある日、友達がＤＩＹを手伝ってほしいといいます。私は若干ノウハウが身についていたので、ＤＩＹではその友達に対してアドバンテージがあります。一緒に作業しながら、すごいねえ、さすがだねえ、助かるよとおだてられてすっかりいい気分になりました。また、友達と会話しながらする作業は、「会話する」こと自体も楽しかったです。

そして、仲間の物件で気の合う仲間とＤＩＹ体験会を実施するようになりました。そうすると、私よりクロス貼りが上手な人が来たり、知識の豊富な人が来たり、センスのいい人が来たりします。これは勉強のチャンスになりました。自分自身のスキルアップにはなるし、仲間と会話しながらの作業は楽しい。そういう新たな楽しみを知ることができました。

仲間の物件は、戸建て、アパート、鉄筋コンクリート、鉄骨造などいろいろな物件がありました。おかげで、いろんな物件でたくさんのＤＩＹ経験を積むことができました。

作業後の懇親会では、一緒に作業をしたことで一体感が生まれ、会話が盛り上がります。さらに大家の悩み相談や情報交換もできて、友達も増えました。友は友を呼び、その輪はどんどん広がり、人脈も増え、大家としてのスキルアップにもつながっていきました。

友達と楽しむことで、ＤＩＹはコミュニケーションのツールともなり、楽しみはさらに増えていきました。

5　親子で楽しむ

子供と会話するチャンス

私は仕事一筋に働いてきて、家族と接する時間はあまり多くありませんでした。

母親の経済的面倒も見ていたし、夏休みと正月は青森の妻の実家に妻と子供を行かせていたので、自由になるお金は少なく、家族と一緒に旅行に行くお金もありませんでした。

窓際サラリーマンになって時間の余裕ができても、お金のために1人でＤＩＹしていました。そのために、実は我が家では親子の会話はあまり多くありません。特に娘と話すチャンスがありませんでした。

でも、娘は父がＤＩＹのノウハウを持っているのを知っているので、困ったときはニコニコしながら相談に来ます。

セミがうるさいので、自分の部屋の前にある木を切ってほしいという娘。梯子を娘に押さえてもらって、一緒に汗をかきながら枝切りをした夏の思い出。

給湯器が凍結して風呂に入れない寒い日。お父さん何とかならない？　という娘。給湯器を毛布で覆ってファンヒーターで解凍。暖かい風呂に入れることになった。お父さん、さすが！　ありがとう♡　そんな冬の暖かい思い出。

息子と一緒に、当時12年目だったデイサービスの風呂改修。それは、開業時にＤＩＹでつくった檜風呂。「お父さんこれだけのことを、たった1人で、会社員しながらやったん？」どうだ、父は素晴らしいだろう。無言でオヤジの実績アピール。

そんな楽しい会話や体験ができたのもＤＩＹのおかげです。

また、大きくなった息子とは、数々のＤＩＹを一緒にしました。その共通の時間で、いろいろ話ができたのも楽しい思い出ですし、多少なりとも私の「考え」を伝えられてよかったと思います。

仕事人間だった私が、子供たちとの会話ができたのはＤＩＹのおかげも大きいです。

親子の会話に悩む人は、ＤＩＹでそのチャンスができるかもしれません。普段の生活で子供を褒めるチャンスは少ないかもしれませんが、ＤＩＹだと、褒めるチャンスはいくらでもあります。

「お、のこぎり引くのがうまいねえ」「ペンキも上手に塗れるね」「力持ちだね、手伝ってくれて助かるよ」褒める言葉もいくらでもあります。褒めることは仲良くなる第一歩でもあります。

親子で褒めあうことができるのもＤＩＹの大きな楽しみです。

6　工夫を楽しむ

工夫で満足感

工夫するのも大きな楽しみの1つです。1章1で述べた作業台は私の「工夫の自信作」です。

天井などの高い所を作業するときに台があると便利です。職人さんは脚立を上手に使って作業します。2つの脚立に足場を渡して使ったり、乗る部分が広い脚立を使ったりしています。しかし、脚立は結構な値段がします。たくさん買うのはお金がかかるし、そんなにしょっちゅう使うものでもないし、使わないときは置き場に困ったりします。

そこで考えたのが作業台です。木材などを切るときにも、作業台の上に載せて切ると楽だったりします。そんなに重くないので、移動も容易です。かかる費用は、ワンバイ材7本とねじで約2000円です。使わなくなったらねじを外して解体すれば、木材として使えるし、置き場所にも困らないという優れものです。

では、どういう形で、どういう構造にするか。それが工夫の結果で、1章1に書いたような工夫の集大成です。DIY体験会では、最初にこの作業台をつくったりします。参加の皆さんは、簡単にできて、軽くて、強度もあり、使い勝手のよい作業台にびっくりします。そんなときはちょっと（かなり？）嬉しくなります。

丸い塩ビパイプを切るときも工夫します。のこぎりで切ろうとしても、丸くて転がりやすいので、のこぎりが引きにくい。また、切り口が斜めになったりする。そこで、きれいに仕上げたいときは工夫をします。まず、切りたい位置にマスキングテープを貼ります。ぐるりと全周に巻いて、全周をまいたテープがうまく合う位置であれば、テープに沿って切ることでほぼ直角に切ることができます。

また、転がりやすいので、治具（加工に使う工具）を工夫。ワンバイ材に木片を2つねじ止めして、その間にちょうど塩ビパイプが止まるようにする。こうすることにより、丸いパイプでも転がらないので切りやすくなります。

こういう工夫を考えるのも楽しいものです。そして、その工夫でうまく効果を発揮できたときの喜びは、かなり大きい喜びになります。

7　自分を褒める

自己満足でも十分

私が、最近「はまっている」のが、自分を褒めるということです。普段はなかなか褒められることなんてありません。褒めてほしいなあと思うことはあります。そんなときにはＤＩＹがぴったりかもしれません。

クロスは無駄がないように、ぎりぎりの長さに切る。うまくサイズが合えば嬉しい。自分で口に出して褒めます。「オマエすごいじゃん。３㎜長かっただけじゃん。よく決まるねえ」。クロスの継ぎ目がほとんどわからなく仕上がったとき。「オマエすごいじゃん。職人並みだね。どこで継いでいるかわからないねえ」。

歪んで閉まりにくい網戸サッシ。解体して、数種類のヘラと金槌で歪みを直す。「オマエすごいじゃん。職人でもできないよ。まあ、彼らは新品交換だろうけど。２万円浮いたねえ」。

全体的に歪んで、枠に当たってうまく閉まらない開きドアのサッシ。ねじを緩めて軽くたたいて、歪を取って再度ねじを締める。これで枠に当たらなくなる。「オマエすごいじゃん。調整だけでここまでできるんだねえ」。サッシの歪を直すとき、金槌で叩くとガラスが割れるかもしれない。木片を当てて小さな金槌で少しずつ叩く。少しずつ歪みが取れていく。「オマエすごいじゃん。木片を当てるという発想が素晴らしいねえ」。

ＤＩＹは形になるので、誰が見てもそれはわかる。ＦＢにアップすると、「すごいですね。どうやったんですか？」と返ってきたりします。「なるほどさすがです」なんてメッセージいただいたりします。「オマエすごいじゃん。褒められてるねえ」。

自己満足じゃないかって？　それでいいじゃないですか。ＤＩＹなのだから。楽しめればそれでいいんです。「オマエすごいじゃん。そういう考え方、素晴らしいよねえ」。

自分を褒めるのは自分の勝手です。だけどやっぱり楽しかったりします。

8　ネットで楽しむ

ネットで自慢と情報交換

フェイスブックが普及し、ネットでの情報交換が容易になりました。

ＤＩＹの楽しみの1つが「自慢」だと私は考えます。そこで、フェイスブックを使って自慢できる場があれば楽しいだろうと考え、フェイスブックのプライベートグループをつくりました。その名は「ＤＩＹを楽しむ会」。当初は友達同士で自慢しあうだけでもいいなと思ったけど、どんどんメンバーが増え、２０２1年4月には４０００人を突破しました。

棚をつくりましたとか、ペンキを塗ってみましたなどの自慢投稿。たくさんの「いいね！」がきたりします。「おしゃれですね」とか、「すごいですね」などとお褒めのコメントがあったりしています。それも結構楽しいことだと思います。投稿を見て、自分だったらどうするかを考えるのも楽しいでしょう。

また、「シールを貼りました」といったプチＤＩＹの人から、「この人は何者？」というくらい大掛かりなリフォームを投稿する人もいます。そのギャップも面白かったりします。

ＤＩＹを楽しむ会は、自慢だけにとどまらず、相談の場にもなっています。「このユニットバスの錆はどうしたらいいか」とか、「このドアを修復するにはどうしたらいいか」などの投稿に対して、複数の人がアドバイスして、解決に至っています。中には、この人プロだなというすごいアドバイスもあります。そういうアドバイスを読んで、さらにスキルもアップしていけます。

また、ＤＩＹ体験会など、イベントの告知もできるので、仲間の募集も容易になりました。遠方の人でもリアルにＤＩＹを体験できるようにもなってきました。高松で開催したＤＩＹ体験会は、千葉や東京、和歌山、大阪、兵庫、広島、高松、福岡などの遠方からも参加してくれました。ネット募集ならではの参加だったと思います。

もし、やり方がわからないときはネットで検索することができます。いろんな人が、画像付きの文章や、動画を投稿したりしています。ＤＩＹをやろうとするまえに、こういったネットの情報収集でも楽しみが広がります。

フェイスブックやインターネットをうまく使うことで、ＤＩＹの楽しみはさらに広がります。

コラム・ＤＩＹ体験会

仲間と楽しむことにはまった私。最近では依頼を受けて DIY 体験会の講師もしています。そしてケガに注意しながら、これも大いに楽しんでいます。

DIY 体験会は、ＤＩＹを「体験」していただく「体験会」です。

何かを仕上げるための「下請け」ではありません。

ＤＩＹの楽しみ方、考え方をお伝えするのが目的です。

体験会を通じて、楽しさや考え方をお伝えし、実際に作業をやって自信を付けてもらいます。

作業後は懇親会を開けば、情報交換ができるし、友達も増えていきます。

募集はフェイスブックの「ＤＩＹを楽しむ会」などで行っています。参加費をいただいていますが、ありがたいことにかなり遠方からの参加もあります。高松でやったときは、東京、千葉、神奈川、和歌山、大阪、兵庫、高知、岡山、広島、福岡などからも来てくれました。リピーターの仲間もいれば、スポット参加の仲間もいます。子連れの女子もいれば、国際的に活躍するキャリアウーマンもいるし、東京の大学生や四万十市に移住してきた人も来てくれました。普段では巡り合うことのできない仲間たちです。

中にはすごい人もいて、そういう人と出会えることで人生も豊かになります。DIY 体験会をやってよかったなと思うことは多いです。

一方で、最初に「仕上げるのが目的ではなく、やり方や考え方をお伝えするのが目的です」と念を押していても、「DIY 体験会の期間中に仕上がらなかった」と陰で言う人もいるようです。まあ、そういう人は放っておけばいいと考えるようにしています。

みんなと仲良くするのは私には難しいが、10 人と出会って 1 人素敵な人がいればいい。そう思ってやっています。

コラム・築古全空アパートをＤＩＹで再生。「高齢者向きアパート」に

香川県高松市で、kaoku という不動産のお店を運営している片山哲也さん・恵子さんご夫婦。お２人は中小企業庁の「専門家派遣」の制度（令和３年からは「中小企業 119」）を利用して、高齢者向きアパートのコンサルを受けました。その結果、屋島がすぐ近くに見える場所に、築 50 年の鉄筋コンクリートのアパートを探し出して購入しました。夫婦でＤＩＹを楽しみながら、高齢者向きアパートとして再生しています。

購入価格は 1200 万円、自己資金 1000 万円、融資は公庫が 500 万円、信用金庫が 500 万円です。

アパートは、病院の社員寮として建てられたものでした。当初は２階建てのメゾネットタイプ（アパートなどでの１つの住戸に１階と２階があり、部屋の中に階段がある部屋）５室でした。その後、４室のメゾネットの階段をふさいで上下に分離して、８室の１ＤＫと４ＤＫメゾネット１室として看護師の寮に使われていたそうです。購入時は、全室空室で外壁の一部に草が生い茂っていました。

まずは、１階部分を高齢者向きアパートとしてリフォームしました。

そのときに数回のＤＩＹ体験会合宿をして仲間を集めて楽しみました。

体験会合宿はＦＢのグループ「ＤＩＹを楽しむ会」で、参加者を募りました。数日間連続で行い、希望者は物件に宿泊しました。千葉、東京、神奈川、大阪、兵庫、岡山、和歌山、高知、福岡など、遠方からの参加も多かったし、その後の体験会の常連になった人もいました。

当初は駐車場がなく、道路に面した部分にはブロックの塀がありました。そこで、まずはブロック塀を撤去して、駐車スペースを確保することにしました。こういう力作業は体験会を開いて大勢でやると早いし楽しいです。解体時には、力自慢になったり、解体の工夫やテクニッ

ク比べなどでわいわいやっているうちにあらかた片づいてしまいます。

駐車場を確保したのちに、部屋のリフォームに取り掛かりました。

まず、どういうふうにリフォームするかを考えます。プランができたので、２回にわたるＤＩＹ体験会合宿を企画しました。

まずは101号室をモデルルームにする体験会をしました。メゾネットタイプの上下を分離したことで室内階段は不要になっていましたが、階段は撤去されずそのままになっていました。階段があるので、収納スペースとしても使い勝手が悪く、狭い部屋の有効活用を妨げていました。しかも、階段上部の２階のスラブ（床のコンクリート）の穴は、薄い板でふさいだだけでした。おかげで２階の話声は筒抜けでした。

そこで、階段を撤去し、使える面積を広くしたうえで、複層の石膏ボードでスラブの穴をふさぎ、防音・防火の性能を確保しました。

そのほかに、床のフラット化と断熱工事、和式トイレの洋式化、クロス貼り、ペンキ塗り、シロアリでやられていた床下の大引き補修、二重窓取り付け、電子錠取り付け、手すり取り付けなどを行いました。

併せて業者さんに依頼して給水管交換、電気配線交換、エアコン取り付け、モニター付きインターホン取り付けなども実施しました。給水管交換や電気工事まで行ったので、新築と遜色ないレベルになったと思います。

作業終了後は毎回のように懇親会を実施しました。昼は一緒に作業したので初めて会う人でも会話がはずみます。学生や子連れの主婦、海外で活躍するスーパーレディ、ベテラン大家から大家予備軍まで、幅広い仲間との情報交換もできて楽しかったし、人脈も広がりました。

業者さんに丸投げすれば、すぐ終わるリフォーム。だけど、ＤＩＹ体験会を開いたことで、考え方やノウハウが学べたし、仲間が増えたし、知識も増え、楽しい思い出もできました。体験会を通じて人脈を広げ、素敵な思い出とともに大家になる。そんな素敵なご夫婦です。私も参加させてもらってとても楽しかったです。

3 章

DIYの考え方

ＤＩＹを楽しむには、考え方も大切です。「ＤＩＹとは考えることだ」と言っても過言ではないかもしれません。考え方をしっかり持てば、ＤＩＹはもっと楽しくなるし、挫折しなくて済む。そんな私のＤＩＹの考え方は以下の通りです。

1　けがをしないさせない

一番大切なことは、けがをしないさせない

ＤＩＹを楽しむうえで一番大切なこと。それは「けがをしないさせない」ことです。

自分がけがをすれば痛いし、作業は中断する。そして悲しくみじめな気分になる。

他人にけがをさせれば、自分がけがする以上に悲しいし辛い。そして大きな心の傷を負う。

当たり前のことですが、「けがをしないさせない」。この考えをしっかり持つことが重要です。

そのためには、何か作業をするときは「その先」を考えます。

ここでハンマーを振ったら、誰かにあたらないだろうか。

力を入れすぎて、勢い余って切りすぎたら、カッターナイフはどう進むだろうか。

この材料は切れた瞬間に、足元に落ちてこないだろうか。

電動工具のコンセントを差し込むと、いきなり作動しないだろうか。

など、その先を考えることで危険を予測でき、注意することでけがは格段に減ります。

私はドリル以外の電動工具はあまり使いません。便利さの陰に危険が潜んでいるからです。電動のこぎりは巻き込んだら指がなくなるだろうし、グラインダー（先端が回転し、物を切ったり削ったりする工具）は跳ね返りが怖いし、削りかすが飛んでくるので危険。チェーンソーで太ももを切って大けがをしたという人も知っています。その傷跡は見ただけで気絶しそうでした。

どうしても電動工具を使わなければならないときは、５章８で述べるように「その先」を考え細心の注意を払います。

最大限の注意を払えばけがはしない。そういうものではありませんが、常に危険と隣り合わせということを肝に銘じて、「その先」はどうなるかを考え、けがを最小限にしてほしいものです。

ＤＩＹで一番大切なことは、けがをしないさせないことです。ぜひ心に刻んでください。

2　やっていいこととそうでないことをはっきり区別する

ＤＩＹだからなんでもやっていいというのは間違い

自分でするんだから何をやってもいい。そういう考えは危険です。ＤＩＹにも、やってはいけないことがいくつかあります。

先に述べたように、けがはしてもさせてもいけません。

常にその先のことを考えます。「その先に何があるか」を考え、その注意を怠ってはいけません。

当然ですが、専門的な知識や資格が必要なものを素人が勝手にやってはいけません。

賃貸住宅のＤＩＹは、大家の許可なく勝手にやってはいけません。原状回復が基本なので、退去時には元に戻さなければいけないし、壁にくぎを打つこともダメだったりすることがあります。

分譲マンションのリフォームは、たとえその部屋が自分の所有物であっても勝手にはできません。管理規約に従わなければなりません。だから、管理組合としっかり確認や調整をしなければなりません。

自己所有の戸建てだから、何でも自由にやっていいわけではありません。壁を取ったり、柱を取ったり、構造に手を加えることは基本的にはダメです。古い家の場合は、柱が腐っていて、本来は構造に関係のない壁でかろうじて持っていたりします。また、外壁等の変更は、法や条例、街づくり協定などで規制されていることもあります。

クロスの貼替えですら、場合によっては不燃など、使うクロスに制限がかかったりします。

４章でも述べますが、やっていいこと悪いことをしっかり考えたうえで楽しんでほしいと思います。

3　ダメだったらやり直せばいい

しり込みする前にアクション

クロス貼りは難しそう。私にできるだろうか。うまくできなかったらどうしよう。

そう考えて先に進めない人がいるのは事実。進めないというより、進まないのかもしれない。もったいないことです。

まずはチャレンジしてみる。

ダメだったらやり直せばいい。

そう考えてチャレンジすればいい。もっと上手になったらチャレンジしようなどと考えていると何もできなかったりする。そもそもチャレンジしなくて上手になることはありません。

けがをしないように注意して、「まずはやってみる」ということが大切。

その先のことを考えたうえで、「まずはやってみる」ということが大切。

どうしてもうまくいかない場合は、インターネットで検索すれば解決できるかもしれません。今はそんな時代です。けがは恐れても小さな失敗を恐れる必要はありません。まずはチャレンジして、ダメだったらやり直せばいい。そういう考えでいいです。

ただし、ＤＩＹでも規模が大きくなったり、施工する部位によっては法令等で規制される部分もあったりします。3章2で書いたように、ＤＩＹで「やっていいこととそうでないこと」があります。そこはきちんと押さえないといけません。がんばった努力が「やってはいけないこと」だったりすると、大変ですし、悔いを残すことになります。

ダメだったらやり直せばいい。しかし、先のことを考え、安全を考え、常識や法令等を考え、取り返しのつかない失敗にならないように十分考えましょう。

4　続ければ完成する

がんばるDIYは必ず成功する

ＤＩＹに失敗はない。

続けていればいつかは完成する。私はそう考えています。

初の競売マンションのＤＩＹ。初めて室内を目の当たりにしたときに、自分でできるのだろうかと不安になりました。「失敗したかもしれない」そう思いました。そこであきらめていたらまさに「失敗」で、今の自分はなかったでしょう。

でも考えました。

部下の否定しかできない上司の説得は無理。だけどＤＩＹの相手は「モノ」じゃないか。俺の思うとおりにできる。俺の力でなんとかできるさ。

そう考えて、ひたすら努力しました。努力すれば、その努力が少しずつでも、確かに、形になっていきます。こうなると勢いがつく。もし、難しい事態に直面すれば、少し休めばいい。そしてまたチャレンジすればいい。休むことは重要で、休むことで新たなヒントやひらめきが生まれたりします。孤独で長かった競売マンションのリフォームは私にそんな考え方を教えてくれました。

知人が買った築古アパートもそうでした。いわゆる「気」の悪い物件で、入った瞬間に気分が悪くなります。「あ、こいつ無理。終わったな」そう思った。でも、彼はがんばった。そのがんばりが悪い「気」を追い出し、明るい物件に生まれ変わらせた。その結果、今は満室で利回り（物件購入額に対する年間賃料）30％を超えています。

別の知人が買った、稼働率4割の鉄骨アパートもそうでした。雨漏りはあるし、シロアリも出てきた。床が抜けかかった部屋や、間仕切の壁がぐらぐらになっていた部屋もあった。しかし、彼は一部屋ずつ着実にリフォームしていった。その努力の結果が実ってやがて満室になりました。

ＤＩＹはあきらめずに続けて行けば、必ず成功する。相手はモノだ。自分の思うとおりになる。失敗を恐れるまえに、努力をして、工夫をして、それを継続していくことが大切です。

努力を継続することで成功するのがＤＩＹです。

5　機能から考える

機能から考えることでわかること、変わること

「昨日から考えていますが、まず機能から考えます」。ＤＩＹ体験会で私がよく口にする言葉です。おじさんギャグと笑われますが、「笑ってもらっていいから、しっかり理解してください」といいます。機能から考えることを理解・体得すると、ＤＩＹの力は飛躍的にアップします。

いわゆる職人さんは「過去の流れ」があり、以前やったことを誠実に繰り返す。基本的に冒険は

できないし、失敗は許されない。そこには職人気質と、品質保証があるからです。

ＤＩＹは自己責任。だから、ある意味では手を抜いてもいいし、自由な発想ができます。

その発想のもとが「機能から考える」ことです。

テレビでリフォーム事例を見たときのこと。番組に出ていた人は業者にリフォームをお願いしました。業者は「施主指定のカウンターだと、既存の壁を撤去して壁をつくり直さないと強度が確保できない」という。そこでカウンターを収めるために既存の壁を撤去し、強度のある壁をつくりなおし、それにカウンターを取り付けたといいます。

確かに、大きなカウンターだと強固な壁じゃないと持たないかもしれません。希望するカウンターが付けられたのだから、それはそれでいいです。

しかし、「機能から考える」ともっと簡単です。

壁が弱いからといって「つくり直し」しなくても、その壁を「補強」するということでもいいかもしれません。

カウンターが壁の強度不足で付けられないなら、カウンターに脚を付ければ大丈夫かもしれない。あるいは上から吊ってもいいかもしれない。こう考えれば弱い壁でも対応できます。工事費は安く済むし、工期も短縮できます。カウンターに脚を付けたくないというなら仕方ないですが、機能から考えるとよりよい答えが出てきます。

そして、この「機能から考える」という考え方が身に付けば、ＤＩＹ以外の日常生活にも大いに役立ちます。ＤＩＹを通じて、楽しみながら「機能から考える」という癖をつける。ＤＩＹは、そんな素晴らしい考え方を身に付けるチャンスでもあります。

6　子供を褒めるチャンス

無理なく褒めるチャンスがいっぱい

子供を褒める。そういうチャンスが多い人は、あまりいないかもしれません。子供に限らず、褒められると嬉しい。子供に自信を持たせるためにも、褒めることはいいことです。

しかし、日常生活では難しいかもしれません。例えば、テストで平均点より高い点数を取ったとします。「平均点より上だからすごいね」と褒めたとします。それは「平均より上だったらいいんだ」という気持ちを子供に与え、そこまでの努力しかしないようになるかもしれません。「平均より上だったから、すごいね。次はもっと頑張ろう」というと、親は褒めたつもりでも子供は「こんなに頑張ったのにもっと上を狙え？　もう無理」と思うかもしれません。褒めるのは意外に難しかったりします。また、日常生活で褒めようとすると、ネタ的にも少ないかもしれません。

不登校だとか、引きこもりの子供は、もしかしたら、子供を褒めることで元気になるかもしれません。しかし、問題を抱えた子供を褒めるのは難しいことかもしれません。

ＤＩＹは褒めることが簡単です。ネタも多いし、褒めやすいと思います。

材料を持ってもらったら「お、チカラ強いねえ。いつからそんな力持ちになったの？　すごいじゃん」と褒める。

力に自信のある子どもは、わかってくれたかと嬉しくなります。あまり力に自信のない子供は、そうなんだ！　と嬉しくなるでしょう。

ペンキは2回塗ると1回目よりきれいになります。当たり前だと言わず、2回目のときに「おお～、1回目よりずっときれいになったね。上手だね」と褒めます。

がんばって形にできたときは「すごいじゃん。いい形になったね。がんばったねえ」と言う。うまくできたと思う子供は、わかってくれたと嬉しくなります。仕上がりに自信がなかった子供は、がんばったのを認められたと嬉しくなります。

また、作業しているときに子供との会話ができます。普段は話せないことでも話せたりします。その中にも褒めるチャンスがあるかもしれません。「お父さんだけには言うけど、実は彼女ができたんだよ」とか、「ぼくの夢は電車の運転士なんだ」などという会話も出てくるかもしれません。それは新たな褒めるチャンスになります。

そして最後には「手伝ってくれてありがとう。お父さんひとりじゃあここまでうまくできなかったよ」と、ねぎらいながら褒めます。

ＤＩＹは無理なく子供を褒める最強のツールかもしれません。そして、親子の信頼を作る大きなチャンスになります。

4章

こんなDIYは NG

ＤＩＹだから何をやってもいい。そう考える人がたまにいます。確かに、自由にＤＩＹを楽しみたいという気持ちはわかります。しかし、やってはいけないこともあります。それを理解したうえで楽しみましょう。

1　賃貸住宅は原状回復が基本

原状回復を頭に入れる

賃貸住宅の場合、原則として入居時の状態に戻して部屋を明け渡す必要があります。これを「原状回復義務」といいます。ＤＩＹで貼ったクロス、塗ったペンキ、取り付けた棚は元の状態に戻して明け渡すのが基本です。そしてその費用は賃借人の負担です。だから、勝手なＤＩＹは原状回復で費用もかかるし、大家との間でトラブルのもとになる可能性があります。

しかし、大家の中にはそこまでうるさく言わない人もいます。だから、ＤＩＹをする場合は、大家としっかり話をして、承諾を得るということが大切です。

例えば、クロスを貼り替えるときに、「このクロスを貼りたいけどどいいですか」と大家に相談し、大家が「その色ならいいでしょう」と言えば原状回復は不要になるかもしれません。派手すぎるのでダメと言われたのに貼り替えたなら、退去時に原状回復させなければなりません。

また、クロスにペンキを塗ると、場合によっては剥がしにくくなって、貼り替えに大変なコストがかかる可能性があります。その費用の増額分は賃借人の負担になる可能性があります。

許可が出たとしても、中途半端な状態だと原状回復を要求されることになります。スケルトンリフォーム（骨組を残して内装や設備を入れかえること）を試みたものの、解体だけで力尽きてしまい、そこで放棄。原状回復に数十万円支払ったという事例もあります。

最近はＤＩＹ可能な賃貸住宅もあります。しかし、なんでもやっていいというわけではなく、一定の決め事があります。賃貸住宅は大家さんの大切な財産です。だから、賃貸住宅をＤＩＹするときは大家に必ず相談して、しっかりと合意を得るべきです。

アクセントクロスはおしゃれになるからいいだろう。棚があれば便利だし、フローリングのほうがおしゃれだし、きっと大家も納得するはずだ。賃貸住宅では、そういう自分だけの考えは通じないと考えるべきです。

賃貸住宅の安易なＤＩＹは、トラブルになったり、あとで大きな費用がかかるかもしれません。十分な注意が必要です。

2　分譲マンションは管理組合等との調整が必要

忘れがちな重要ポイント

マンションのＤＩＹやリフォームは要注意です。管理組合の承認や、住人との調整が不可欠だからです。

分譲マンションのリフォームについては、管理組合によって取り決めが違うことがあります。そして、意外と事細かな制限があったりします。例えば、和室をフローリングにする際に、何も禁止事項がないこともあれば、フローリング材に指定があったり、そもそも和室をフローリングにすること自体が禁止だったりすることもあります。

また、施工の前に工程表を貼り出しなさい、緊急連絡先を知らせなさい、資材の搬入は何時から何時までにしなさい、搬入時はエレベーターや廊下に養生をしなさい、作業時間は何時から何時までにしなさいとか、様々な制約や約束事があったりします。

規制は何もなくても、事前の調整や挨拶が重要です。それを怠ると面倒なことになったりするかもしれません。うるさい理事長や住人がいて、挨拶がなかったことを根に持ち、管理規約に規制はないのに様々なことを言ってきたりすることもあります。こうなると最悪です。もはや理屈は通じないかもしれません。

また、作業中に音がうるさいと隣の住人が怒鳴り込んできたり、管理組合を通じて苦情が来たりする可能性があります。こうなると作業継続は厳しくなります。完成した後も、しこりが残り住みづらくなるかもしれません。

そうならないためにも、管理組合とは事前に、しっかり確認をして、調整をすることが重要です。

また、同じマンションに住む人への気配りも重要です。

本当にあった怖い話

業者にリフォームを依頼し、その提案でオール電化にした。ところが建物自体の電気容量が足りないためオール電化が使えず、大変なことになったという話を聞いたことがあります。

建築士が提案した「運動場」というコンセプト。子供が走り回れるようにリフォームしたら、階下の住人からの「騒音に対する苦情」で住みにくくなったという事例も聞きます。

集合住宅である分譲マンションのＤＩＹやリフォームは細心の注意が必要で、事前に管理組合としっかり調整をすることが重要です。そして、住人への事前挨拶も重要です。このあたりのことは弊著「これでばっちり！　マンションＤＩＹ・リフォームを楽しもう（セルバ出版）」にも書いてあるので参考にしてください。

3　構造に手を加えてはいけない

危険を招かないという当たり前な考え

当たり前のことですが、柱や壁を安易に取ってはいけません。木造だけでなく、鉄筋コンクリート造の場合も同様です。

柱がないほうが広々としていいと考えて「文化住宅」の1階3戸の壁をぶち抜いて飲食店にしたケースを見ました。そこには地震時に構造的に役立つ「筋交い」もありません。筋交いはどうしたのかと聞くと、腐っていて機能していなかったので撤去したといいます。筋交いが機能していない状態だと、地震時には大変危険です。その建物が今まで持っていたのは「撤去した壁」があったからかもしれません。

この状況で地震が来ればどうなるか？　そのときそこにいたお客さんはどうなるか？　どのような責任を問われ、どのような補償をしなければならないか？　そもそも保険は適用されるのか？　考えるだけでも恐ろしいことです。

築古は特に注意が必要

古い木造住宅の場合、本来ならば壁は荷重を受けないが、その壁があるおかげで倒壊を免れているということもあります。安易に壁を撤去してはいけません。特に、シロアリに食害された建物は非常に怖い。

実際に、何もしていないのに、突然崩壊したというアパートを見たことがあります。シロアリの食害で柱がやられていて、壁でなんとか持っていたのが、ある日突然崩壊。住んでいた人に話を聞くと、突然バリバリという音が聞こえ、あわてて外に出たとたんに建物の半分が崩壊したといいます。そんなウソのようなことも現実に起きています。

柱や壁などの構造には、理由と役割があります。だから安易に手を入れてはいけません。そこに住む人にけがをさせてはいけません。危険なＤＩＹは止めましょう。

4　ＤＩＹは自己責任。コンプライアンスも大事

楽しむための注意事項

ＤＩＹだから何をしてもいい。そう考える人が実際にいます。

フェイスブックでは、法的にも構造的にも恐ろしい投稿を時々見かけます。

分譲マンションのベランダに物置をつくりつけたり、和室を洋室にしたりという投稿を見たことがあります。メッセンジャーで管理組合の許可を得ましたかと聞くと、そんなのがあるのですかと返事が来ました。

知らないからできるのでしょうが、知らないでは済まされなかったりします。あるいは原状回復に多額の費用がかかったりします。そのマンションに住み続けにくくなったりすることもありますので、知らないということは大変恐ろしいことです。

主宰するフェイスブックのＤＩＹを楽しむ会で、「こういうことに注意しましょう」とＤＩＹの注意事項を投稿したときの話です。「注意事項は誰のためにつくっているのか？　あれは駄目これも駄目という印象が強い」というコメントがありました。ＤＩＹだったら何をしても自由と考えていたのでしょう。わざわざコメントしてくる人がいるくらいですから、実際はかなり多くの人がそう考えているのかもしれません。

やらなきゃよかったと思わないために

ＤＩＹは自己責任です。そこで起きた事象については自分が責任を負わなければなりません。知らなかったでは済まされないということを忘れないでください。

最低限注意すべきこととして次のことを私は考えています。知っている人には当たり前の話ですが、知らずにやると後が面倒になったりします。きちんと確認してください。

・騒音、振動、粉塵が出る作業はあらかじめ近隣へ挨拶をしておく。
・早朝、深夜に音や振動が出る作業をしない。
・資材搬入搬出時はできるだけ静かに。私語は慎む。
・防火地域等での外壁等の変更は注意が必要。
・建物を建てるときは原則として「確認申請」が必要。
・壁や天井の仕上げを不燃性または難燃性のものに限定する「内装制限」というものがある。

5　賃貸ＤＩＹガイドライン

フローチャートで確認

規模が大きくなった場合や、建物によってはＤＩＹでも制限があったりします。その制限を知ることは、正しくＤＩＹを楽しむためには必要な知識です。

最近はそういうことに警鐘を鳴らす人たちも出てきました。

一般社団法人ＨＥＡＤ研究会はその1つです。ＨＥＡＤ研究会は、建築にかかわる多様な専門家と次代を担う若者が、21世紀の新たな産業のあり方を探求する団体で、「賃貸ＤＩＹガイドライン」というものを公開しています。

これは賃貸住宅のＤＩＹに際して、建築基準法と消防法における安全にかかわる法の規定をユーザー、大家、管理者などが把握できるようにまとめられたものです。フローチャートで、やろうとしているＤＩＹに制限があるかないかがわかるようになっています。

また、ガイドラインを使う前提として次のようなことが書いてあります。

・賃貸でのＤＩＹは貸主や管理会社に申請のうえ、承諾を得て行う。
・不明な点があれば、専門家である建築士に相談し助言に従う。
・建築基準法、消防法その他安全を守る諸法規、条例に違反しない。
・躯体、外装（屋根、外壁、外部建具）、共用部分などについては、ＤＩＹで変更しない。
・電気工事や、水回りの配管、換気や空調に関わる工事は資格者または専門業者に依頼する。
・分譲された集合住宅の住戸ではその集合住宅の「管理規約」に従う。

ＨＰには「ガイドラインの利用が安全で安心なＤＩＹによる生活の豊かさにつながることを期待して公開いたします」とあります。是非一読して参考にしてください。

http://www.head-sos.jp/schedule/001162.html

コラム・ＤＩＹ体験会でＤＩＹ移住

高松のDIY体験会で知り合った土居佑志さん。筋肉隆々でパワフルな彼は「シュワちゃん」というニックネームで呼ばれました。当時千葉に住んでいた彼は、私のＤＩＹ体験会にフル参加してくれた１人です。彼はそのＤＩＹ体験会の懇親会で、ＤＩＹ移住の情報を得ました。四万十市がまちおこしをする人を募集していて、「ＤＩＹで景観を変えることでまちに活気を取り戻す計画」だといいます。情報を得た彼の決断、実行は早かった。すぐに電話して応募。たった１人の募集枠でしたが、見事に合格。情報を得てわずか２か月後、彼は四万十市民になっていました。

面接で四万十市を初めて訪れた彼は、こう感じたそうです。

四万十市は、自然が多くて食べ物も美味しくて、便利なのに、何だか元気がない。人の姿が少ない商店街、寂れた建物を見て、この景観では人は集まらない。また、空き家を移住者用の賃貸住宅としているが、お世辞にも住みやすいとは言い難い。

そこで彼は考えました。

まずは、地域で活用されていない空き家をＤＩＹでリフォームする。自分だけのオリジナルな、住みやすい部屋にしていく。ＤＩＹ体験会で仲間を増やして、街全体をＤＩＹで活性化していきたい。

空き家や空き店舗をＤＩＹで再生し、ＤＩＹ体験会で仲間と思い出を作りながら、地域に関心を持ってもらい、まちづくりに関わってもらう。こういう地道なことを通じて地域に貢献したいと。

彼の壮大な計画が実現し、地域が発展していくことができれば素晴らしい。そして彼の成功例を見習う地域が出てきたら、もっと素晴らしいなと思っています。

ＤＩＹで地域おこし、そんな時代が来るかもしれません。土居さんがその先駆者になることを心から応援しています。

コラム・ＤＩＹで地域おこし

人口が減って、空き家問題が深刻な地域があります。これらの地域おこしに、ＤＩＹという手法が有効ではないかと私は考えます。

まずは、物件見学会＆ＤＩＹ体験会を開きます。

空き家を数件見学し、「この物件はここがいいけど、こういうところを直すのに費用がかかる」「ここまではＤＩＹで対応できる」などといった「物件の見方」をレクチャーします。「物件の見方」のレクチャーをやっているという話はあまり聞きません。だから、遠方からでも来てもらえる可能性があります。これに合わせて、クロス貼りなどの簡易なＤＩＹ体験会も実施し、楽しさを感じてもらいます。オプションで観光をセットすれば、「観光ついでに行ってみよう」と思う人は多いかもしれません。自治体がやるのであれば、自らの自治体の宣伝にもなるので、予算を組んで参加費の安い企画ができるかもしれません。

次に、実際に物件をリフォームする「ＤＩＹ体験会合宿」を実施します。実際にＤＩＹでリフォームしながらノウハウをお伝えします。私が高松や四万十で行ったＤＩＹ体験会は、関東、関西、中国、四国、九州と、かなり広いエリアからの参加がありました。地域に来てくれて、泊ってくれるのであれば、それなりに地域にもお金が落ちるし、地域の知名度もアップすることが期待できます。観光もセットにすれば、地域のよさをアピールすることもできます。

体験会でリフォームした物件は、再びよみがえり、活用することができるようになります。ＤＩＹ体験会で自分好みにリフォームした物件であれば、そこに住みたいと思うかもしれません。そうすれば、移住ということになります。そうなれば、地域の活性化に少しでもつながっていきます。理論としてはそういう理論が成り立ちます。あとは、担当者の先見性と熱意次第でしょうか。

ＤＩＹで地域おこし。そういう時代は遠くないかもしれません。

コラム・休憩を取るのは安全に大切

ＤＩＹをやっていると、面白くなってきて、休憩も取らずに作業を続けることがあります。しかし、休憩を取らないと集中力が低下します。集中力が低下すると、けがをする危険性が高くなります。できれば90分に1回程度は休憩を取ったほうがいいと思います。「ああ、疲れてきたな。あそこまでやったら休憩しよう」とか、「どうしても今日中にあそこまでやりたいから休憩は取らない」そんなことはよくあることかもしれません。

しかし、そこに危険の芽が潜んでいます。友達と作業していたときのこと。そう、それは石膏ボードに定規を当て、カッターナイフで切っていたときでした。「疲れたねえ。休憩しようか」「いや、最後にこれを切って休憩しよう」そんな会話をしながら、漠然とカッターナイフを引いていました。疲れていたのだと思います。わずか数cm切るだけの作業でした。しかし、力を入れすぎて、カッターナイフが定規を外れ、私の指を襲った。最初は何が起こったかわからなかった。「あれ、カッターの刃が私の指をかすめたよね？」しばらくすると血が出始める。やっぱり切ってたんだ･･･血はなかなか止まらない。慌てて病院に行って3針も縫ってしまった。私が経験した人生で最大の大けがでした。

休憩を取らずに作業したために、集中力が低下。簡単な作業だったのに、まさかの事態となってしまいました。そんなこともあって、休憩は重要視しています。特にＤＩＹ体験会は要注意です。参加者によって技量も違うし、疲れに対する強さも違う。疲れ果てた人もいるかもしれません。遠慮して黙っているだけかもしれません。休憩なしの長時間作業はとても危険です。

だから、90分に一度は強制的に休憩を取るようにしています。お茶を飲みながら甘いものを食べて、仲間同士で楽しく会話をします。体と心をリラックスさせます。休憩を取って気分転換をすることで、けがのリスクは減るし、そのあとの作業は効率もアップします。楽しむためのＤＩＹ。適度な休憩を取って、けがをしないさせないようにして楽しんでください。

5 章

道具のそろえ方

DIYを始めるにあたって、道具はどうやってそろえればいいかという話をよく聞きます。答えは「その人の自由」です。立派な道具セットをそろえて、やる気になる人がいてもいいです。釣り好きが竿を自慢するように、高い道具を自慢してもいいです。

私の場合は、お金がなかったので「必要最少限のものからそろえていく」というスタイルをとりました。機能から考えた、私なりの道具のそろえ方を以下に述べます。

1　必要になったら買う

お金のない私のそろえ方

私の道具のそろえ方の基本は、「必要になったら買う」ということです。何か他の物の「代用」で間に合ううちは買いません。

例えば、1章1で書いた作業台ですと、必要なものは、巻き尺、鉛筆、のこぎり、ねじ回しで済みます。やっているうちに、ねじ回しでは大変だなと思えばインパクトドリルを買います。

競売マンション3部屋のリフォームでは、電動工具は使いませんでした。正しくは電動工具を買えなかった、というのが本音かもしれません。当時そろえた道具は、のこぎり、巻き尺、さしがね、金槌、釘抜き、ねじ回し、プライヤー、ペンチ、カッターナイフ、水準器、クロス貼り道具セット、ペンキ塗りセット、そんなところだったと思います。モンキーレンチを買うのがもったいなかったので、ナット類はプライヤーを使いました。ナットを傷つけないように、布を当てて回していました。ねじはインパクトドリルがなかったので、1本1本ねじ回しで締めました。

自宅でウッドデッキをつくるときには、さすがにインパクトドリルを買いました。ちなみに丸鋸（電動のこぎり）を買ったのはさらに後です。

最初は安いものでもいいかも

また、お金がなかったので最初は値段の安い物で揃えました。初心者のうちは値段による性能の違いがあまりわからないので、安い物でもいいと思います。値段の高い道具は精度がよくて作業がしやすかったり、パワーがあったり、スピードアップになったりします。でも、初心者のうちや、作業量が少ないときは、あまり関係ない気がします。

使い込んでダメになったり、使いにくいなと思ったときに、ちょっとグレードの高い道具を買いました。インパクトドリルは、最初は国産R社の安い物を値段で判断して買いました。使い込んでいくうちに2個あったバッテリーが両方ともだめになったので、今度はバッテリー3個付きに買い替えた。外国製のB社のインパクトを手に入れたのは5年前。この次は国産であのM社の製品が、精度もよくパワーもあるのでいいなと思っています。

ちなみに、最近の値段の高い道具は安全性能が工夫されたものもあるようなので、そういうものを買って安全を確保するのもいいと思います。

2　切る道具＝カッターナイフ、のこぎり

カッターナイフ

カッターナイフは大と小を揃えたいです。普通の材料を切るときは、本体が大きいほうが力を入れやすく切りやすい。クロスを切るときは、スリムな本体のほうが使いやすい。小はクロス貼り用、大はクッションフロアなどを切るという感じで使い分けます。

クロスを切るときは、本体は細身のもので、刃は内装用の黒い刃を使います。黒い刃はすぐ切れ味が悪くなるし、刃先がもろいけど、切れ味が全然違います。

また、刃をたくさん出したほうが切りやすいときもあります。刃が短くなると使いにくくなり、残りの刃を外して新しい刃を使わなければならないことがあります。本体が複数あると、切れ味や刃の長さを使い分けることができて便利です。あるいは、クロス用と、普通の材料用の複数のカッターナイフがあれば、いちいち刃を取り換えなくて済むので便利です。

のこぎり

のこぎりは替え刃式がいいです。カッターナイフ同様、切れ味が悪くなったら刃を替えることでしっかり切れるようになります。ワンバイ材を多用するＤＩＹであれば、それほど精密に切らなく

ても大丈夫なので、安い刃でも十分です。また、替え刃式だと、工具箱に入れるときに、刃と柄（握って持つところ）に分割することでコンパクトになるので、工具箱は小さなもので済むというメリットがあります。さらに、塩化ビニール用など用途の違う刃をそろえても、柄が1つならばかさばらなくて済むというメリットも大きいです。

高価なのこぎりはよく切れるし、正確に切れるし、切る速度も速くなります。しかし、使っているうちに切れなくなるので、目立てという処理が必要になります。こだわりを持たなければ、安い替え刃式で十分です。

刃が細く、先端部まで刃が続いている「引き回しのこぎり」というものがあります。これは、床下点検口を設置するときなど、床に穴をあけるときに便利です。石膏ボードに穴をあけるときも便利です。大きい穴なら、糸鋸のように丸い穴でも切ることが可能です。

刃先の幅が15㎜くらいのノミがあると、切り欠きをつくるときなど、意外と便利なときがあります。安物でいいので1本あるといいでしょう。

3　測る道具＝巻き尺、さしがね、定規

巻き尺

巻き尺（コンベックス）は材料を切るときや、現地での採寸に使います。合板やワンバイ材を測

るだけなら2ｍあれば足ります。クッションフロアを貼るときだと、10ｍあれば便利です。しかし、あまり長くなると、大きくなってかさばるし、重くなるので、私は5・5ｍくらいが好みです。

値段が高いものと安いものの差の1つは、テープ（目盛りが付いた部分）が支えなしでまっすぐ伸ばせる長さです。安いものだとふにゃふにゃして、あまりまっすぐに伸ばせず、1人で測るときは使いづらいこともあります。

機能としては、ストッパーが付いているものが便利です。また、455㎜ピッチで赤い印の付いたものだと、間柱の位置を出すときなどに便利です。

さしがね

さしがねは、長さを測るだけでなく、材料を切るときの線引き、直角の確認に便利です。また、レーザー水準器を使って高さを合わせるときにも重宝します。長さは工具箱に入る長さだと便利です。

安いものは直角が少し狂っていることもありますが、材料を切るときの印付け程度であれば、さしがねの向きを変えて線を引いて、その中間値を取ることでカバーできます。例えば、材料の左側からと右側から線を引く、さしがねの長手方向の向きをひっくり返して（裏返して）線を引くなどの工夫でカバーできます。

このように、道具の精度を工夫でカバーすることで、安い物でも十分なこともあります。

定規

定規は寸法を測ることのほか、材料を切るときにも使います。クロスを切るには1ｍ、クッションフロアなどを切るときは2ｍの金属製の定規が便利です。また、ある程度の厚みや幅があったほうが押さえやすく使いやすいです。私は長さ1ｍ、幅6㎝、厚み1㎝くらいの金属製定規を使っています。1ｍを超える長いものを切るときは、あらかじめまっすぐな線を引いておき、途中で定規をずらして切ります。場合によってはワンバイ材で代用したりします。

4　回す道具＝ねじ回し、電動のドリル、モンキーレンチ

ねじ回し

ねじ回しは、差し替え式でビット（金属の棒状の部分）が取り外せ、プラスとマイナスが使い分けられるタイプが便利です。握り（グリップ）のお尻の部分が凹んでいるものだと、その凹んだ部分に物が挟めて便利。例えばトイレタンク内にあるボールタップのねじを外すときや、ヒートンを回すときに便利。

ヒートンは、壁などにねじこんで物を吊り下げるために使う金具で、L字や、？に似た金具。これらは手で外すには力がいるし、プライヤーだと挟みにくいですが、握りの凹んだ部分にさして回せば簡単に外せます。

ラチェット付きは、締める方向だけとか任意の方向だけに力がかかり、握りを持ち替えなくていいので便利。ただ、多少遊びがあるので使いにくいときもあります。

貫通ドライバーもあれば便利。これはねじ回しの握りの部分を金槌で叩いても大丈夫になっているねじ回し。固着したねじを外すときに使います。握りのお尻を金槌で叩きながらねじを回すことで、ねじが外しやすくなります。

電動のドリル

ワンバイ材を多用したＤＩＹの場合、インパクトドリルはとても重宝します。何をどう楽しむかによって道具は変わりますが、木材を使うＤＩＹであれば、釘よりはねじのほうが便利です。打ち損ないも少なく、抜くのも簡単です。しかも材料をくっつける強さは釘よりはるかに強い。２つの材料を隙間なくしっかりくっつけることも容易です。インパクトドリルがあれば、ねじを締める作業が格段に速くなります。

電動ドリルはインパクトドリルに比べると、一般的には非力ですが、中には締め付け力の高いものもあります。音が静かなので、マンションなどで使うときは都合がいいです。また、コード付きだと、充電切れの心配がなく、和室の洋室化などでたくさんのねじを止めるときは案外重宝します。

振動ドリルはコンクリートに穴をあけるときは必需品です。コンクリートはインパクトドリルではなかなか歯が立たない。インパクトドリル用の刃先を使うという手もありますが、刃先がすぐにダメになったりします。電動ドリルと、振動ドリルの切り替えスイッチの付いたものは便利です。

モンキーレンチ

モンキーレンチ。ボルトやナットの大きさに応じて、挟む部分の開き(広さ)を変えられます。パッキンやカランの交換をするときに使います。大きいものと小さなものがあれば便利です。

5　打ち込んだり抜いたりする道具

金槌

打ち込む道具の代表は金槌です。釘などを叩く部分にいくつかの形状があります。両方ともほぼ平面なのがげんのう、片方がとがった先切金槌、片方が釘抜きにもなるクローハンマー、木でできている木槌などです。私は柄が木製の「げんのう」とよばれるものを愛用しています。叩く部分の両方がほぼ平たくて、片方は少し丸く真ん中が出ています。丸いほうでくぎを打つと、板が傷つきにくいといわれています。

私の場合は、先切金槌を使うことはありません。クローハンマーも曲がったり、打ちにくかったりするので使いません。木槌は材料に当て板をすれば足りることが多いので持っていません。金槌の大きさも、工具箱に入るサイズを選んでいます。

釘抜き

抜く道具の代表は釘抜きです。L字状になっていて、両端に釘を挟めるタイプが私には使いやすいです。30㎝程度の長さであれば、小さな工具箱にも収まるので都合がいいです。また、インテリアバールも重宝します。これは片方がイチョウの葉のようになっているものです。小さな釘を抜きやすく、ヘラ代わりにも使えて便利です。釘抜きはこの2種類あれば、何とかなります。

既存の床や壁などを解体するときは大きなバールがあれば確かに便利ですが、なくても工夫でカバーできます。

小さな釘抜きである程度の間隔をあけ、そこにワンバイ材などの木片を差し込んで「てこ」にして使えば、大きなバールがなくても何とかなります。工夫することで、道具を少なくすることも楽しいかもしれません。

6　そのほかの道具など

専門の道具

クロスを貼るときには、クロス用刷毛、地ベラ、ジョイントローラー、ペンキを塗るときには、受け皿（ペンキを入れる皿）やバケット（ペンキを入れる小さなバケツ）、ローラー（塗装用）、刷毛（塗装用）、網戸を張るときにはローラー（網戸用）など、それぞれの用途に合わせた道具が必要です。

これらは、「セット」になったものを買えば割安で手に入ります。使っているうちに「ローラーはもっと幅の広いものがいい」「地ベラはもっと厚みがあって幅が広いものがいい」などと気が付いてくれれば、それを新調すればいいです。

ヘラ

ヘラは、サイズや強度の違うものがあると便利です。クロスを剥がすときやパテを打つときは薄いペラペラなヘラが使いやすい。パテを打つときは薄いタイプで、幅が50㎜くらいのものが個人的には使いやすい。

巾木（壁の下のほうに付いている、床との境に貼る部材）を剥がすときには、少し厚みがあるタイプで幅が30～50㎜程度が便利。ある程度大きな板を剥がすときは、柄の部分が金槌で叩けるものだと使いやすい。

既存の壁や床をきれいに解体したいときは、細いヘラで隙間をつくり、やや太いヘラで隙間を広げ、柄が叩けるヘラを打ち込んで、インテリアバールで外せばきれいに解体できます。

古くなって先端部に丸みが出てくると、コーキングやペンキを剥がすときにも使いやすかったりします。パテを練るときは先端部が丸くなったヘラのほうが、器に当たったときに、ぎーぎーなりにくいので気持ちよく使えます。

ライト

ライト。ＬＥＤタイプで、転がらない形状のものが使いやすい。床下や、天井裏を見るときには必須です。あと、老眼で小さなものが見にくいときにも重宝します。

プライヤー

プライヤー。ちょっとした物を掴んだり、回したり、釘を引き抜くときに使います。ペンチより大きなものが挟めるし、強く挟めるので、回すのに便利。グリップにゴム状のカバーが付いたものだと、握りやすく使いやすいです。

水準器

水準器は、建物などの傾きを正確に知るときや、床などを水平に仕上げるときに必要。内蔵した透明な丸い管の中に色のついた液体と気泡が入っており、気泡と管に書かれた線の位置で傾きを見ます。安いものは向きを変える（１８０度方向転換）と気泡の位置が変わったりするものもあるので要注意。買うときに水平な床に置いて、１８０度回して確認します。あるいは、気泡の位置の調整機能が付いたものでもいいです。

和室の洋室化などで水平を取る（高さを合わせる）ときは、ある程度の長さがあるほうが使いやすかったりします。

置くだけで水平・垂直の光を発してくれるレーザータイプの水準器も使い勝手がいい。最近はコンパクトで値段も安くなってきました。

7　道具がなくても工夫でカバー。使用頻度も考える

道具をそろえるのもいいけれど

道具があれば作業は効率的に行えます。手動ののこぎりで切るより、電動の丸鋸のほうが早い。定規も長さの違うものがいくつかあれば便利。水準器は長いものもあれば便利。レーザー水準器は床の凸凹がすぐわかり便利。紙やすりをかけるときも、紙やすりをはさんで使うハンドサンダーや、電動サンダーがあると早いです。

しかし、便利だからと次々と買っていくと、費用もかかるし、整理も大変だし、置き場所にも困ったりします。プロならそれでもいいですが、めったに使わないものに費用や手間をかけるのはどうかなと個人的には思います。そこで、「工夫」をします。工夫をすることで、道具を増やさないで済みます。工夫もＤＩＹの楽しみの1つです。しかし、使用頻度の高いものは、その作業に向いたものを揃えてもいいかもしれません。

モンキーレンチがなくても、プライヤーやウォーターポンププライヤーで代用ができるかもしれません。ナットが傷つくのが嫌なら、布やゴムを当てれば大丈夫かもしれません。カラン（水栓）

のパッキン交換しかしないのであれば、スパナのほうが安くて使いやすいかもしれません。

水準器で離れた2か所の水平を見るときは、長い水準器が便利です。もし短い水準器しかなくても、定規に載せて使う、あるいはワンバイ材に載せて使うなどの工夫でカバーできます。

ハンドサンダーがなくても、紙やすりに木片を添えて使うというやり方もあります。電動ドリルにアタッチメントを付けて紙やすりで削ることもできます。普通の人はそれで十分でしょう。

そういうふうに道具にも工夫をすることが、DIYの上達にもつながります。道具をそろえていくのも楽しいですが、工夫で解決することも楽しいし、工夫する力も身に付きます。

しかし、頻度が多ければ買ったほうがいいかもしれません。和室の洋室化をすることが多いなら、ある程度の長さの水準器があれば便利です。物件チェックをたびたびするなら、レーザータイプの水準器を買うと便利です。

工夫でカバーする一方で、使用頻度が高いなら、効率よく作業ができるなら、その道具を買うという選択肢もあります。

8　電動工具を考える

便利さと危険を考える

私は、インパクトドリル、振動ドリル以外の電動工具はあまり使いません。それには3つの理由があります。

1つは「怖い」からです。チェーンソー、グラインダー、丸鋸などは、正直なところ怖い。幸い電動工具でけがをしたことはないですが、便利さと危険は裏腹のような気がします。チェーンソーで足を大けがしたとか、丸鋸で手を切ったとか、怖い話を聞いたことがあります。また、自分自身、丸鋸の反動に驚いたことがありますし、チェーンソーは便利だけど怖いので使いません。グラインダーも削りかすや火の粉が飛んでくるのが怖いです。

2つ目の理由は「上達が遅い」からです。丸鋸は確かに便利で速い。しかし、のこぎりを引く「腕」は上達しない。のこぎりは練習して慣れてくると、早く正確に切れるようになります。DIY体験会などで慣れない人が丸鋸で切るのと、私がのこぎりで切るのは、時間的にそう大きな差がなかったりします。たくさん切っているうちに早く切れるようになりました。常に丸鋸使用だと、この上達はなかったでしょう。のこぎりを使うと、「上手に切れた、うまいねえ」と喜びにつながります。1㎜以下の精度で、直角もきれいに切れたときは大きな喜びを感じたりします。テクニックの上達はDIYの楽しみの1つでもあります。

3つ目は、準備や片づけの時間を含めると、手作業のほうが早いことが多いからです。例えば、丸鋸を使うには、丸鋸を箱から出してきて、延長コードを準備しなければなりませんし、終わった後も片づけが必要。通常のDIYだと、そんなにたくさん切る機会は多くないと思います。準備、片づけの時間を考えると、のこぎりのほうが早いケースが私には多いです。

使うときは慎重に

しかし、大量に同じようなことをするときや、手作業では時間がかかりすぎる場合は電動工具を使います。そういう場合は「その先」を考えて、慎重に使います。まず、どういう危険があるかを頭の中で整理します。丸鋸で切っていく先にコードが来てないか、コードが何かの下敷きになっていないか・巻き込んでないか、コードは最後まで切ったときに十分伸びるようになっているか、材料の下に何か挟まってないか、切れた後に材料と一緒に丸鋸が落ちないかなどを考えます。

コンセントに差し込む前に、スイッチが切れていることを確認します。スイッチを入れる前には、作動後の状況を予測し安全を確認します。コードが引っかかったり、足で踏んだりしないようになっていることを再度確認します。スイッチを入れるときに周りに人がいれば、「スイッチを入れます」と声をかけます。使用が終わったら速やかにスイッチを切り、コンセントを抜くなどの最大限の注意を払います。

そして、用途外に使わないようにしています。丸鋸で「木の枝」を切ったときに、手を切った人がいます。丸鋸は木の枝を切るものではないので、危険です。丸鋸で床に切り込みを入れて床を切ることがありますが、これも危険です。私自身、丸鋸が暴れて怖い思いをしたことがあります。

危険な部分もある電動工具ですが、メーカーも対策を打ってきているようです。丸鋸の反動を自動で押さえたりするようなシステムもあるようです。

電動工具は便利ですが、それには危険が伴うことを忘れてはいけません。

9　私の工具箱

道具をどうするか

20年もＤＩＹをやっていると、さすがに道具が増えてきます。必要な道具は大体そろった感じがあります。道具を保管するために、小さな物置も買いました。使用頻度の高いものは工具箱に入れて、使用頻度の少ないものは物置に入れて保管しています。

私の工具箱

工具箱は、大きなものだとたくさん入りますが、重くてかさばるようになります。私は30㎝のさしがねや、のこぎりが入る工具箱を重宝しています。大きさはおおむね幅45㎝、高さと奥行き25㎝です。この程度だと、あまり重くなりません。蓋は両方から開けることができ、取り外せるものが便利です。そして、工具箱の上に乗っても大丈夫なタイプだと、ちょっと高い所の作業をするときに重宝します。

よく使う道具を工具箱に入れて、何かあったら簡単に持っていけるようにしています。賃貸物件の設備トラブルがあったときにはこの工具箱を持っていくと、だいたい足りる。そんな感じの工具箱です。ただし、必要に応じて中の道具は変わっていきます。

切る道具

まずは切る道具。のこぎりは刃が交換できるタイプを使っています。普段入れているのが普通に木を切る刃と、塩ビを切る刃です。そのほかに引き回しのこぎりを入れています。カッターナイフは大と小を数本入れています。カンナの小さなものも入れています。ノミは刃先が15㎜くらいのものを1本入れています。

測る道具

次に測る道具。巻き尺は5・5m。さしがねは30㎝程度の物を入れています。工具箱には入りませんが、長さ1mのステンレス製の定規は別途持ち歩くことが多いです。

回す道具

回す道具は、ねじ回し、インパクトドリルとその充電器が入っています。ねじ回しはプラスとマイナスを兼ねたビット（先端部）が交換できるものと、固着したねじを外すための貫通ドライバーが入っています。また、モンキーレンチも大と小を入れています。

打ち込んだり抜いたりする道具

打ち込んだり抜いたりする道具は、げんのう（金槌）の小さなものが1本。釘抜は、大（といっても30㎝程度）と小（インテリアバール）を入れています。ヘラもあると何かと便利で、薄いものと、柄を叩いても耐えられるものを入れています。

そのほかの道具など

プライヤーは、普及タイプとウオーターポンププライヤーが入っています。カランのコマ交換で、コマを取るためにニッパー、ねじ外し専用のペンチも入っています。

鉛筆は消しゴムの付いたものが便利で、転がりにくい六角形の物を入れています。

補修用に、水道のパッキン類、ジョイントコーク、網戸用ローラー、木工用ボンド、つまようじ、割りばし、歯ブラシ、マスキングテープなどが入っています。

つまようじは、ドアの丁番のねじ穴など、木部のねじ穴が大きくなってねじが効かない（締め付けられない）ときに使います。木工用ボンドを付けてねじ穴に差し込んでねじを締めれば、元のようにしっかりと止められます。

割りばしは、ねじ穴が大きい場合につまようじの代わりに使うし、弁当の箸を忘れたときには、本来の箸として使います。これは意外に重宝します。何度かこの恩恵を受けたことがあります。

歯ブラシは、狭い所のごみをとったり、洗剤を付けてクロスの汚れを取ったりします。

マスキングテープは、補修するところの目印にしたり、ねじをまとめたりするのに便利です。

ねじは35㎜と50㎜の半ねじを数本入れて置くと意外と役立ちます。

コラム・固着したねじの外し方

固く固着してしまったねじを外すときは、インパクトドリルが便利です。

ねじは十字に溝を切ったプラスねじが多い。そのプラスねじは、ねじ頭の溝が数種類ある。そのねじにぴったり合うビット（刃先）を選ぶことがまず大事。ねじ頭の溝に合わないビットでは、ねじをなめやすいので要注意です。

まずは、ねじ自体が動く（ずれる）となめやすいので、網戸のねじなど「動きやすい物」は、外したいねじが動かないようにします。強固な床の上などにしっかり置いて、動かないようにします。こうすることで、力を有効に伝えられるし、ねじ頭の溝をなめにくくなります。

次に、インパクトドリルのビット(刃先）をしっかりねじの頭の溝にあて、ねじの軸方向とビットの軸方向が一直線になるように向きを整えます。これが一直線になってないと頭の溝をなめやすい。そして体重をかけて、インパクトドリルをねじの頭の溝に押さえこむ。体重をかけてしっかり押さえこむことで、ねじの溝にぴったりくっつき、なめにくくなります。

一番のポイントは、「一気に」回すのではなく、「ほんの少しだけ」回す。インパクトドリルの音が「カタカタカタ」ではなく、「カタ」で止める。ほんの少し回して、ねじの頭の溝とビットがかみ合っているのを再度確認して、また少し回す。こうすることで、ねじをなめるリスクが格段に減ります。

緩む方向に回しても、うまく動かず、ダメだなと思ったら違う手段を考えます。

１つは回転方向を変えて、締める方向にまわして衝撃を当てます。こうすることで、固着が緩むことがあります。その後、緩める方向にして回します。

あるいは、金槌などでねじを叩く、潤滑スプレーを使って摩擦を減らす、ねじに熱を加えるなどの方法も試してみます。これでだいたいのねじは外れるか、ねじ自体が切れてしまいます。

ねじの頭の溝がつぶれたり、ねじが切れた場合は、専用の工具を使います。これはキリでねじの頭に穴をあけ、その穴に左回り（通常のねじが緩む方向）で入っていく専用のねじを打ち込んで、ねじをゆるむ方向に回そうというものです。

インパクトドリルがない場合は、貫通ドライバーを使います。これはグリップの部分が叩けるようになったものです。ねじが緩む方向に貫通ドライバーで力をかけて置き、そのグリップを金槌で叩いて回します。回転＋衝撃でねじを回そうというものです。ねじはあらかじめ金槌で何度か叩いたり、最初の数回は締める方向に力をかけて置いて固着を少しでも解消しておくといいでしょう。

これでもうまくいかなければ、ねじにドリルで穴をあけて、ねじをドリルくずにするという手法もあります。この手法をとった場合、同じサイズのねじはもう使えません。

この場合も機能から考えます。部材をくっつけるという機能。ねじで止める、あるいは接着するという手法が考えられます。

もう、分解はしないというのであれば、接着という手法が簡単でいいかもしれません。

やはり分解は必要というのであれば、ねじの打ち方を考えます。

今の穴より大きな穴があけられるなら、ワンサイズ大きな径のねじを使うことが考えられます。

大きなねじが使えないなら、他の場所でねじ留めできないかを検討します。あるいは当て板をして、その板を介して部材をねじ止めするという手法が考えられます。

また、長いボルトを通して、反対側からワッシャとナットで止めるという手法も考えられるでしょう。

コラム・現場は違う。ノウハウも大切だが考える力も大切

ドアノブ交換をしたときのこと。握り玉という丸いノブを回して開けるタイプでした。ノブ横にある穴の奥の部分を押してノブを回せば外れるタイプ。そんなに難しい作業ではありません。古いノブを外して、ホームセンターにもっていき、サイズが合うものを買って、取り付ければいいだけです。しかし、この手法は外し方がわからないと使えません。ノブをじっくり見てみます。ねじは見当たりません。小さな穴があるからここへ何かを差し込んで外すのだなという推理はつきます。しかし、チャレンジするけどうまくいかない。やり方が違うのだろうかと悩みました。

昔ならこういう場合、ホームセンターに行って、とりあえずサイズが合いそうなノブを買ってくる。そして、それに添付されている説明書を読む。取り付けと逆の手順で古いノブを取り外す。新しいノブを取り付ける。買ってきたノブが合えばOKだが、合わないときは在庫として抱える。

昔ならそういう手順でした。でも、今は違います。「握り玉」でネット検索すれば、丁寧に説明してくれている方が大勢いて、実に便利です。

しかし、現場は違いました。私が外そうと試みた手法は、ネットの情報と同じでした。間違っていませんでした。何が違うか？　それは古さです。現場のノブは古くなって、固着していました。じゃあ、どうするかと考える。この考えることがノウハウになっていきます。こういう場合は、機能から考えます。外すためには「押す」「引く」「回す」「叩く」をいろいろ組み合わせる。引っ張っても抜けない。じゃあ、押してみる？　回してみる？　叩いてみる？　こういうアクションの組み合わせた結果、何とか外れました。ネットでテクニックは見られますが、現場はそうなっていないかもしれません。そういうときは「機能」から考える。やっぱりＤＩＹはそこに尽きます。

6 章

私なりの物件の見方

私は、戸建て、アパート、マンションなど、DIYで100室を超えるリフォームをしてきました。

DIYでリフォームすると、ああ、ここが傷みやすいなとか、これはすぐ直せるな、これは直すのにお金がかかるなといったことがわかってきます。

そういう観点から数多くの物件を見てきたので、「こういう見方をすればいいんだ」というのが何となくわかってきました。そこで、「私なりの」物件の見方をまとめてみました。いろんな見方があるので、1つの参考としてもらえればと思います。弊著『多世代居住で利回り30％！　高齢者向きアパート経営法』にも書いたので、そちらも参考にしていただけると幸いです。

1　わかりやすいのは「気」

「気」を考える

建物には「気」があります。

見た瞬間、じっくり建物を見たとき、建物に入った瞬間に何か感じることはないでしょうか。私はそれを「気」と呼びます。なんか暗い感じだとか、何となく落ち着かないとか、なんか気分が悪いなとか、そういう感じを「気」と呼んでいます。

長い歴史の建物には、つくった人の愛情、そこに住む人の生きざま、住まい方が、建物に「気」

を残すと私は考えています。

何となくいいなあと感じたり、あるいは何も感じないのは「気」のよい建物です。職人さんが愛情をこめてしっかりつくりこんでいたり、住んでいる人が愛着を持って建物を使っていると、建物がいい「気」を持ちます。そしてそれは多くの人が、ちょっと心がけて物件を見ることで感じることができるはずです。

「気」の悪い建物は、何となく気持ち悪かったり、沈んだ気分になったり、嫌な気分になったりします。また、写真を撮るとオーブというものが写ったりします。こういう物件は要注意です。建物を見るとき、中に入るときは深呼吸して、心を落ち着けて「気」を感じてほしいと思います。

「気」が悪くても、悪い気を追い出すことは可能なことがあります。

私自身、孤独死の部屋、離婚した人の部屋、オーナーに見捨てられた部屋など、ひどく「気」の悪い物件を10室くらいリフォームしたことがあります。経験から考えると、たぶんそれはパワーゲームです。明るい「気」をたくさん送り込めば、悪い「気」は出ていくのだと思います。格安で買えるのであれば話は別ですが、そうでないのなら、あえてそのような物件を選ぶ必要はないと思います。

そういう意味で、第一印象である「気」を私はまず重視します。そして、自分がそれに勝てるのかを考えることにしています。「気」は絶対条件ではないですが、わりと感じることができるので、選択肢の1つに入れることをおすすめします。

2　外から見る

外から見てわかること

いきなり建物に入るのもいいですが、外から眺めてみるのも大切です。まず全体の雰囲気を見てみます。異状や劣化がある場所は色が違って見えたりします。中には、外から見ただけで傾いていることがわかる建物もあります。色が違ったり、周りと比較して「新しい部分」は、何か不具合が生じて交換したのかもしれません。

外観に変なシミがないか、色が違って見えるところはないかを見ます。

屋根はきれいか、瓦がずれていないか・しっかりしているか、外壁にクラックはないか、サイディング（外壁の板）に浮きはないか、コーキング（サイディングなどの継ぎ目の目地材）の割れや劣化がないか、塗装はしっかりしているか、雨といはちゃんとしているかを見ます。軒天（建物の外に突き出した屋根の裏側あるいは下の部分）などに黒ずんだ部分があると、それは雨漏りの印かもしれません。

屋根が変形していたり、凸凹していたり、瓦がずれていると雨漏りにつながります。もしかしたら不等沈下の影響が出ているのかもしれません。

サイディングの浮きや、コーキングの劣化や、クラックが大きかったり、多かったりすると雨漏

りにつながります。塗装部分を触って手に色が付くようだと、ペンキが劣化しています
雨といが途中で切れている場合は、漏水や、床下への雨水の侵入になり、シロアリの好む環境になるかもしれません。

建物の周りをぐるりと回って、建物や地面に湿気やコケがないか、隣地との境界や、基礎のクラックがないかも確認します。併せて、雨とい、排水管、排水溝に変状はないか、きちんと機能しているかを確認します。擁壁や石垣がある場合は、クラックはないか、膨らんでいないかを確認します。

湿気があるとシロアリが来やすいし、生活していてもじめじめした感じになります。擁壁や基礎にコケが生えているということは湿気が多いということなので、それを我慢するか改善するかを考えます。

専門的な知識がなくても、じっくりと見ることで変だなと感じることはできます。変だなと思ったときは、近くにいってみてじっくり見て、その原因を自分なりに考えてみたり、専門家に話を聞いてみます。異状や変状があれば、それを直すコストを考えながら物件を見ていきます。

3　傾き

傾きを考える

多くの建物は傾きがあります。問題はその「程度」と、その「原因」です。

入った瞬間にくらくらする感じがする建物は、かなり傾いているケースです。何となく気分が悪くなる場合も傾いていたりします。

じっと目を凝らして、座ってみて、寝そべってみて見てみます。案外これで傾きがわかったりします。なんか変だな、そう感じることがあります。考え方次第ですが、目視でわからない程度の傾きであれば、許容してもいいかもしれません。

「住宅紛争処理機関による住宅紛争処理の参考となるべき技術基準」では、3／1000、6／1000という基準があります。

3／1000未満の勾配の傾斜は「構造耐力上主要な部分に瑕疵が存する可能性が低い」、3／1000以上6／1000未満の勾配の傾斜は「構造耐力上主要な部分に瑕疵が存する可能性が一定程度存する」、6／1000以上の勾配の傾斜は「構造耐力上主要な部分に瑕疵が存する可能性が高い」としています。

これは、床の傾きがそのままの傾きで1m（1000㎜）続いた場合に、何ミリの高さの差がでるかを考えるものです。

1m離れた地点での高さの違いで、瑕疵（不具合や欠陥）が存在する可能性を考えようというものです。3／1000は1mあたりに直すと3㎜の傾きということになります。3／1000の傾きを目視で発見するのは多くの人には困難ですが、6／1000だと、敏感な人は「なんか変だなあ」と感じる傾きです。

なぜ傾いているのか

傾きを発見したらその傾いた原因を考えます。この原因によっては、直すために高額な費用がかかったりします。

原因の1つは基礎の沈下です。古い建物は基礎が沈下していることがあります。

束石と呼ばれる連続していない基礎だと、傾きというより凸凹な感じで沈下していることもあります。

布基礎と呼ばれるコンクリートの連続した基礎の場合だと、大きなクラックができて、基礎が折れた（割れた）感じになっていたりします。クラックがなくても基礎全体が傾いていることもあります。

束石の沈下はＤＩＹで直すことができますが、基礎全体となるとＤＩＹでは難しく、修復に高額な費用がかかるでしょう。また、軟弱な地盤であれば、修復しても再び沈下するかもしれません。

柱や床が腐っていたり、シロアリによる食害で傾くこともあります。その場合は腐った部分や食害部分の交換になりますが、場所によってはジャッキアップが必要で高額な費用がかかるかもしれません。腐っている場合はどこからか水が漏ってきているでしょうし、シロアリであれば駆除しないといけません。そのときはシロアリの存在が確認できなくても、シロアリの好む環境を改善しないと再びシロアリはやってくるかもしれません。

施工が原因で傾いていることもありました。その物件は、なぜか一部屋だけ床が傾いていて、窓もそれに合わせて少し傾いていました。床を水平に直そうと合板を水平に仮置きしてみると、窓が微妙に傾いているのがわかったのです。

聞けば、施主は業者に格安の値段で請け負わせたそうです。単に施工ミスなのでしょうか。その原因は謎です。

異状の理由を考える

傾きにかかわらず、異状があるときは「なぜそうなったのか」と、その原因を考えて対処しないと、直しても再び同じような事象が発生します。

修理だけをしても、そうなった原因を排除しなければ、再び同じことになる可能性があるということをしっかりと頭に入れてください。

4 雨漏り

雨漏りは建物の大敵

雨漏りは大きく、「屋根から」の雨漏りと、「壁から」の雨漏りに分けられます。

雨が降るたびに漏るのであれば、屋根からでしょうし、風の強い日にだけ漏るなら、横殴りの風が壁に当たって壁から漏っていると考えられます。壁のクラックや、塗装の劣化（特に鉄骨造）、窓と壁の隙間や、換気扇などの開口部の隙間から漏ってきているのかもしれません。

大雨のときにだけ漏るならば、屋根の接合部などの排水経路の途中が詰まっているのかもしれないし、クラックや取り合い（部材のつなぎ目）などの変状が小さくて、雨が大量に降ったときだけ漏っていることがわかるのかもしれません。

屋根からの雨漏りは、屋根から屋根裏にしみて、軒天や、天井に落ちてきます。だから、軒天や天井の色が変わっているところは雨漏りの可能性があります。

壁からの雨漏りは、壁の色が変わっていたり、壁が膨らんでいたり、壁に漏水跡がついていたりします。

屋根からの雨漏りは、天井にある点検口から屋根裏を見てみるとよくわかります。雨漏りがあれば、水が流れた跡が残り、屋根裏や柱の色が変わっている。ライトで照らしながら、スマホ等で写真や動画を撮影すればよくわかる。撮影後に下に降りてきて、ゆっくりスマホの画像をじっくり確認します。雨漏りの跡があれば、その後修理したのかどうか、修理してなければ修理費用がどの程度かかるのかを確認します。

点検口がない場合は、押入れの中などに屋根裏への入り口があったりします。押入れの天井を下から軽く押すと持ちあがる部分があったりします。そこから屋根裏が覗けたり、入って行けるようになっています。この場合、押入れの床や棚、天井は強度が弱い場合があり、踏み抜くと危ないので注意が必要です。

5　シロアリ

やっかいなシロアリ

古い建物はシロアリの食害が見られることがあります。部屋がカビ臭いとか、じめじめしているところはシロアリがいるかもしれません。これは、シロアリが湿気の多い所を好むからです。カビ臭い部屋で、床が1mくらいにわたって沈む場合は、木材が腐食している場合もありますが、シロアリを疑っていいでしょう。床下全面がコンクリートのベタ基礎であってもシロアリは来ます。マンションであってもシロアリは来ます。

今の防蟻薬剤は効果が続くのは5年と言われており、床下の環境が改善されない限り、5年後にシロアリがまたくる可能性があります。それを理解したうえで考えてください。

シロアリの見つけ方

シロアリの食害や木材の腐朽の見つけ方の1つは、「歩ける所は全部歩く」ことです。食害や腐朽があれば、その上を歩くと床が沈む。おおむね50㎝以上の長さや幅で床が沈む場合は、シロアリによる食害や、腐朽である可能性が高い。シロアリの食害は柱や根太（床を支える水平方向の部材）まで被害を受けることがあり、沈み込む長さ（幅）が長くなる傾向にあります。床板を支える根太

〔図表14〕

写真説明：柱の薬液注入の跡。丸い木栓が打ってある。

は30～45㎝ピッチで入っていることが多く、根太がしっかりしていれば、沈む長さは40㎝程度が限度になります。但し、相当に古い物件だと根太の間隔が90㎝くらいあることもあります。

また、柱を叩いてみて、音の違いをみます。シロアリの食害があると、その周りの健全部とは音が違うのですぐわかります。

疑わしいときは畳を上げて、畳の下の板をはいで、床下を見てみます。これもライトとスマホを併用して撮影するとわかりやすいです。シロアリがいる場合（以前いた場合も含む）は黒い筋状の「蟻道」と呼ばれるものが、束（床の根太を支える部材）や、束石（地面の上に置かれた基礎で、束を介して根太を支える）や基礎に見られたりします。

束や束石や基礎に黒い土が筋状についていれば、シロアリでしょう。あるいは、畳を上げた時点で、柱の下のほうで畳に隠れていた部分に土が見えたりします。シロアリの特徴はこの「土」です。これはシロアリが運んでくるもので、単なる腐朽の場合は土がありません。蟻道についてはネットを「蟻道」で検索すれば、いろんな蟻道の画像を見ることができます。

壁や床、畳の下の板が、他の部分と「色が違う」場合や「新しい」場合はその部分を交換した可能性があります。なぜ交換したのか理由を考えます。もしかしたらシロアリの食害で交換したのかもしれません。

シロアリの駆除では、柱から薬液を注入することもあります。柱の下部に穴をふさいだ丸い木栓があれば、それは、薬液注入の跡かもしれません（前頁図表14）。

ちなみに、シロアリには大きく3種類があります。ヤマトシロアリ、イエシロアリ、アメリカカンザイシロアリです。ここに書いたのは、ヤマトシロアリ、イエシロアリについてです。アメリカカンザイシロアリは、全く別のタイプと考えたほうがいいようです。

6　給排水の確認

給排水は忘れがちなチェックポイント

シロアリやカビから建物を守るには湿気を減らすことが重要です。その1つが排水です。

雨水がちゃんと敷地の外に流れるようになっているか、排水管がちゃんと機能しているか見てみます。できれば地面に設置された排水桝の蓋を開けて、排水桝の異常がないか・排水桝と配管がちゃんとつながっているか見てみます。あるいは水を流してみて、上流の排水桝から下流の排水桝に水がきちんと流れていくかを確認します。

ここで、下流の排水桝に水が流れていかなければ、どこかで詰まっているか、地中に漏水している可能性があります。水が溜まってゆく場合は詰まりを疑い、溜まっていかない場合は漏水を疑います。

排水の不良は床下の湿気につながり、シロアリの好む環境をつくり出す可能性が高くなります。古くなって排水桝の継ぎ目が切れて漏水することもありますし、排水管自体が破損することもあります。排水桝の周りの土が沈下している場合は要注意です。排水桝から排水が漏れて土を流しているのかもしれません。

雨といの水がどうやって排水されるかも見ておきます。排水管ではなく、建物のそばで地面に流している場合は床下に湿気が行く可能性が高くなります。

古い給水管は錆びて漏水していたりします。すべての蛇口をしめて、給水を開始します。メーターやパイロット（くるくる回るコマ状のもの）が動かなければいいですが、パイロットが動くようだとどこかで漏水していることになります。また、蛇口から水を出して、赤い水が出るようだと、給水管の錆が進行しているということなので、漏水の日は近いかもしれません。

給排水管の破損は放置すると床下などが湿って、カビが生えたり、シロアリの好む環境にもなるし、修理にもお金がかかるので要注意です。

7　分譲マンションの場合

マンションは管理も見る

分譲マンションには管理組合があって、外壁塗装、給排水など共用部の修繕は管理組合が行っています。修繕の履歴は管理組合が把握しているのが原則です。

しかし、古い分譲マンションの場合は、管理がうまく行われていないことがあります。塗装が古くなっていたり、爆裂（鉄筋が錆びてコンクリートが割れること）で外壁が落ちそうだったり、ベランダの柵などの鉄部が錆びて欠損しているような分譲マンションであれば、管理組合が機能していないかもしれません。

また、修繕積立金の残高が少ない分譲マンションだと、大規模修繕で一時金を払わなくてはいけないかもしれません。月々の修繕積立金が極端に少ない場合も同様です。例外として、分譲マンションの総戸数が多い場合や、駐車場・自販機などの収入などが多い場合は修繕積立金が安くなっていることもあります。

分譲マンションは物件の確認だけでなく、管理組合の活動状況や財務状況も確認が必要です。修繕計画もない、修繕積立金も少ない分譲マンションは、朽ちていくか、借入金を起こすか一時金を払うなどで大規模修繕するかという形になります。年金暮らしの高齢者が多い分譲マンションだと、一時金を払っての大規模修繕は難しいかもしれません。借り入れを起こすにしても、保証人や管理費等の滞納などで難しいこともあります。こうなると建物のますますの劣化は避けられません。

築年数が古くて、大規模修繕を経験したマンションは、通常の管理であれば、必要な修繕計画を持っていて、それなりの準備をしているので、大規模修繕済マンションを狙うのもいいでしょう。

管理を改善できるか

しかし、こういう「ボロい」分譲マンションを買って再生するのも面白いかもしれません。私の所有する分譲マンションの1つがこのタイプでした。買ったときは210万円でしたが、その後暴落。一時は80万円で取引されていました。

そこで、管理組合の理事になり、他の理事と協力して再生しました。まずは管理費・修繕積立金を値上げしました。次に借り入れを起こして、外壁修繕、給排水管取り換えの大規模修繕を実施しました。

その結果、最近では300～500万円で取引されるようになりました。これは管理組合が一丸となって再生に取り組んだ結果です。常識的な人が多い分譲マンションであれば、こういう再生も可能です。

やはりマンションは建物だけでなく「管理」が重要です。管理が悪い場合、その管理を変えて行けるかどうかも重要なポイントです。

8　現地確認に必要なもの

私が使う道具

どこまで現地確認するかによって必要なものは変わってきます。

私が建物を見るときに使う主な道具は、スマホ、ライト、筆記用具、巻き尺、水準器、ヘラ、釘抜き、タオルで、小さな脚立があれば便利という感じです。

スマホとライトは必要度が高い。天井裏や床下などを撮影することで、雨漏りやシロアリの確認がやりやすくなります。点検口からライトで天井裏を照らしてスマホで撮影します。安全な場所におりてきてスマホの画像をゆっくり確認します。全部の屋根裏と床下を確認するのがベストですが、一部だけでも確認できる効果は大きいでしょう。

巻き尺は、間取りを測るときや、変状の大きさや位置・範囲を測るとき、建具の大きさや範囲を測るときなどに使います。

水準器は傾きの程度を見るときに使います。不等沈下が激しい場合はレーザー水準器とさしがねで測ることもあります。レーザーのあたる位置から何ミリ下に床が来るかを、さしがねで測れば、沈下状況がわかりやすいです。

ヘラや釘抜きは畳をめくって床下を見るときに必要です。畳の下には、根太の上に板が敷いてあり、一部は点検用に釘を打ってなかったりします。その板を剥がして、床下を撮影することで、蟻道が発見できることがあります。もし、釘を抜いて確認する場合は所有者の許可を得ておくべきでしょう。

建物内部を土足で歩けない物件であればスリッパや上靴を持参します。ある程度荷物を動かすのであれば軍手、埃っぽいのであればマスクを持参したりします。

排水確認をするのであれば、排水桝の蓋をヘラや釘抜きを使って外します。水の入ったペットボトルで水を流して様子を見ます。水道が使えるなら、ホースなどで水を流せばより確実です。

雨といを目視で確認するなら、といまで届く脚立も必要です。水を流して確認するなら、ペットボトルやホースも必要です。

ちなみに、私はビー玉は使いません。床の材質によって転がらなかったりするし、ビー玉が転がるような場合は、目視でわかることもあるし、水準器を当てて確認したほうが確実です。

9　関係法令の確認

重要事項説明があるけど

物理的な変状だけでなく、関係法令を満たしているかの確認も当然に必要です。ＤＩＹだから何をしてもいいということにはならないからです。

特に接道や、防火、擁壁は重要です。場合によっては再建築不可だったりします。最近は崖に関する規制が厳しくなってきていて、再築しようとするときには擁壁に膨大なコストがかかったりすることがあります。

そのあたりを本来は仲介業者が説明すべきですが、中には失念？　していたり、知らなかったりするケースもなくはないので注意が必要です。

知人が手付金を払って購入を契約していた物件で、３ｍくらいの崖の上にある物件を見ました。崖の両端は、ブロックでおおわれていますが、中央部はコンクリートです。先にも書きましたが、部分的に周囲と違う場合はその理由を考えます。なぜ、全部がブロックじゃなく、一部だけコンクリートなのだろう。それも中央部分だけ。可能性としては、コンクリートの部分、あるいはブロックの部分が壊れた、あるいはひどく劣化したので、修繕したということが考えられます。壊れた理由としては、崖が崩れたという可能性が考えられます。

そこで、その理由と崖条例について仲介業者に尋ねてみました。崖の現状については、「初めからそうなっていたと思う」といいます。崖条例については、条例に引っかかるかもしれないといいます。崖条例については、重要事項として説明されていませんでした。そこで、手付金を返してもらったうえで契約解除をしたという事例もあります。

この場合は、不動産屋の落ち度なので、責任を問うのは可能でしょうが、裁判などで面倒なことになっていたかもしれません。

コラム・トイレの壁が腐る？　原因を考えてＤＩＹ

賃貸中の分譲マンション。「トイレの壁が腐って、床の一部が沈む」という連絡がありました。このお部屋はご入居いただいて８年になります。この部屋も私がリフォームした部屋で、リフォーム後、21年になります。

連絡を受けた管理会社が業者と見に行ってくれました。その結果、「便器を外して、壁と床を張り替えなければダメだ」といいます。それでは大掛かりな工事になり、費用もかさみます。そこで、自分で現場を調査しました。

トイレの壁は化粧合板ですが、一部で表面が剥がれて黒くくすんでいました。その上にある窓には激しい結露があり、その窓の結露が窓枠から壁を伝って床に落ちていました。その経路にある部分の化粧合板が水で濡れていました。結露による水で濡れた合板の接着剤が劣化し、剥がれてきたものと推定しました。

また、タンクやその給水管も結露が激しく、結露した水は床のクッションフロアの上に溜まっていました。水はクッションフロアの継ぎ目から、クッションフロアと床板の間に入ったようで、便器周りの床の合板が湿っていました。

こういう場合、新しい化粧合板に張り替え、床を張り替えても、元の状態に戻すだけではまた同じ事象が起きます。原因である結露を防がないとまた同じことになります。業者は「壁と床を張り替える」ということでしたが、それだけだとしばらくするとまた同じ事象が発生してしまいます。

しかも、入居者さんは「工事に時間をかけてほしくない」というご要望でした。そうであれば、既存の壁にクロスを貼るという手法だと時間がかからないし、水に濡れても合板よりは傷みにくくなります。

しかし、化粧合板の上にクロスを貼るのは、見栄えという点で問題が残ります。

そこで、まずは一番傷みが激しかった窓周りの壁だけにクロスを貼り、入居者さんに見てもらいました。

その結果、「この状態で構わない」ということになり、トイレ全面の壁にクロスを貼りました。これで、従来の化粧合板よりは、耐水性がアップするはずです。

床は便器を撤去して張り替えるのが確実です。しかし、入居者さんの「時間をかけてほしくない」というご要望を考えれば、既存の床の上に合板を敷けば、約１㎝床が高くなりますが、作業時間は少なくて済みます。ここも入居者さんに確認したところ、床が１㎝くらい高くなっても工期が短いほうがいいとおっしゃいました。

トイレは便器があるので、クッションフロアは、便器の形に穴をあけ、一部に切り目を入れて、便器をかわして敷きます。通常は便器の奥の目立たないところに切り目を入れて継ぎます。今回は、タンクの右側の給水管が結露し、その水が床に落ちて、クッションフロアの継ぎ目から床下への漏水となっていました。

この漏水の影響を少しでも減らすために、今回はあえて継ぎ目を、給水管の反対側である左にずらし、結露の落水位置から少しでも遠いところにしました。また、継ぎ目と壁際には漏水防止のためにコーキングを打ちました。

原因解消の対策として「結露が激しいです。できるだけ換気をしてください。そうしないと目に見えない部分でカビが生えるかもしれません。あなたの健康のためにも換気をお願いします。また、床に落ちた結露の水はこれもカビの原因となるかもしれません。時々見て、濡れているようだったら拭いてください」と入居者さんにお伝えしました。おそらくこれで結露も減るでしょう。

このように、原因を考えて、機能面も考えたうえで対策を打つことが重要です。

7 章

リフォームの考え方

リフォームの成功には「考えること」が不可欠です。

ＤＩＹはあきらめなければ成功します。しかし、リフォームは考え方がしっかりしていないと泥沼になってしまうことがあります。ＤＩＹはまずはやってみるという考えが大切です。しかし、リフォームは「まずは考える」ということを大切にしたほうがいいです。

何を目的に、どこを、いくらかけて、どうするか、そして施工順序をしっかり考えます。リフォームする前に施工範囲や順序を考えることで、無駄な作業を減らすことができ、効率よくできます。

分譲マンション以外では、雨漏りやシロアリ傾きなどの「構造的なリフォーム」も考える必要があります。

1　調整・確認が必要ないか

まずは迷惑をかけないため

リフォームするにあたって、調整すべき箇所をまず考えましょう。

まず大切なのは近隣調整です。ご近所に音や振動、車の出入りなどでご迷惑を掛けないか考えます。ご迷惑をおかけしそうな箇所にはあらかじめ挨拶しておきます。これにより、リフォーム中の苦情が出にくくなります。

分譲マンションであれば、まずは管理組合です。何度も言いますが、分譲マンションは管理組合との調整、確認が必要で、それがとても重要です。

管理組合に内容を確認したら、施工上の注意点を確認し、迷惑がかかりそうな部屋には事前に挨拶をします。事前に挨拶をしておけば「お互いさま」という感じになり、大きなトラブルにはなりにくいでしょう。しかし、挨拶がないと揉めてしまうかもしれません。いったん感情がこじれると後が面倒なので、注意が必要です。

外壁・屋根などをリフォームするときは法令上の注意・確認も必要です。不燃材じゃないとダメなどといった規制があったりします。このほかにも消防、自治体、町内会によって規制があるかもしれないので、これも確認が必要です。

賃貸住宅では大家のリフォーム許可が必要です。どこまでやっていいのか、原状回復はどうするかまで、きちんと確認しておきましょう。

2　何を目的に、いくら費用をかけるのか

効果的なリフォームのために

まずは、何を目的にいくら費用をかけるのかを考えます。目的によってその費用をどう振り分けていくかを考えます。きれいにするだけが目的なのか、防音、断熱などの性能アップも狙うのか、古くなった給排水管の交換もするのかを考えて、予算を考えます。

例えば、トイレだけをきれいにするのか、風呂もきれいにするのか。両方であればその予算でできるグレードを考えます。お金がたまったら次のリフォームに進むという考えであればそれでもいいです。しかし、何も考えずにやっていくのは危険かもしれません。再築不可の戸建ての再生を業者に丸投げした人がいました。業者はその人の知人の紹介で「ちゃんとやります」という信頼を前提としたあいまいな契約だったといいます。ところが、基礎工事が終了した時点で予算がなくなり、業者は施工を中断。どうしていいかわからなくなった夫婦は大喧嘩となり、ついには別れてしまったという例もあります。

これは極端な例ですが、いくら費用をかけるのかまずしっかり考えることが重要です。そして、その資金は調達できるのかを考える必要があります。リフォームの場合、現場によって状況はかなり違います。思ったより状況が悪く、見積もった工事費より高くなる可能性は十分あります。工事費は高くなることはあっても、安くなることはまずないでしょうから、事前によく考えておくことが重要です。

築古は費用が増えやすい

築古のリフォームは解体しないとわからない部分もあるので、注意が必要です。シロアリが出てきたり、シロアリの食害が大きかったりすると想定外の費用となります。そういった点も考慮の上で、資金計画には余裕が必要です。

築古戸建ての場合で、不等沈下、傾き、雨漏り、シロアリなどがあれば、それをどうするかも考える必要があります。室内だけをきれいにしても、雨漏り、シロアリなどがあれば、すぐ傷んできたりします。リフォームより、構造に関する部分をまず先にしないといけないかもしれません。

3　どこまでやるのか

予算と施工範囲を明確にしないと泥沼に

次にどこまでやるかを考えます。一部屋の床だけをきれいにするのか、壁も天井もやるのか。全部の部屋をするのか。風呂や流し台などの設備も入れ替えるのかを考えます。また、壁や床を変更するのであれば、断熱材の追加や給排水管の更新も考えてみます。

事前にどこまでやるかをしっかり考え、予算と施工範囲をあらかじめ考えておくことで、無駄の少ない満足度の高いリフォームができます。

和室を洋室にするときは、床の高さをどうするか、どこまで精度を求めるかを考えます。8章4にも書きましたが、高さを合わせる位置を間違うと、開き戸が開かなくなったり、敷居部分が極端に低くなったりします。また、根太の間隔が大きいと、床がたわんだりしたりします。多少のたわみは目をつぶるのか、多少の床なりは許容するのかなどで、かかる時間もコストも大きく変わります。

また、床や壁を張り替えるのであれば、併せて給排水管、ガス管、電気配線なども検討します。

30年も経つとこれらが傷んできているケースもあります。床を張り替えた後にこれらを取り換えると、せっかく張った床を剥がしたりして、余分な時間と費用がかかるし、見た目も悪くなるかもしれません。古い家は、断熱や防音性能が考慮されてなかったりします。壁や床の工事に合わせて、断熱材を入れたり、石膏ボードを入れたり、二重窓にするなども検討したいものです。こういった基本性能の向上を狙うことで、より住みやすい家にすることができます。

4　どういう手順で行うか

手順を考え無駄を減らす

予算と施工範囲が決まれば、次は施工の順番、すなわち手順を考えます。手順をしっかり考えておくと、無駄のない効率よい作業ができます。また、養生などの手間も少なくなります。材料の搬入のタイミングも併せて考えます。

先に天井のペンキを塗って、壁のクロスを貼って、最後に床を仕上げるというふうにやれば養生が少なくて済みます。トイレはクロスやクッションフロアを貼ったのちに便器を取り付ければ作業がやりやすいでしょう。これを逆の手順でやると、手戻りや養生が発生し、作業もやりにくくなるし、時間もかかります。苦労のわりに満足感が少ないかもしれません。

慣れないうちは全部一度にやるのではなく、少しずつやっていくというのもいいです。例えば3

部屋の天井ペンキ塗り、クロス貼り、床のフローリング更新を行うとします。効率を考えると、全室の天井を塗って、全室のクロスを貼って、全室のフローリングをやるというふうに、工程別にしたほうがいいかもしれません。しかし、慣れないうちは、一部屋ずつ仕上げていったほうがやりやすいかもしれません。一部屋仕上げたら次の部屋をする。そういうふうに1つずつ仕上げていったほうが達成感を味わいながらできるかもしれません。

給排水や電気配線などの外注工事をするときは、業者さんとの段取り、スケジュールについても打ち合わせておきます。そうしないと工事に余分な手間がかかったり、次の作業ができなかったり、やり直したり、スケジュールの再調整など余分な手間が生まれてしまいます。

給排水工事は、床を張る前、配線やガスは壁を仕上げる前、エアコン取り付は壁を仕上げた後など、順番を業者さんとしっかり打合せます。現場や業者さんによっては、やりやすい順番が変わるので、確認しておきます。

5　スケジュール管理

スケジュール管理でDIYのスキルもアップ

いつかできればいいや。そういうリフォームでもいいです。

しかし賃貸物件であれば、繁忙期を逃がすのは惜しいでしょう。そのあたりを考えて作業工程を考え、スケジュール管理をしていきます。工程が遅れた場合はその理由を考えます。リカバリーするにはどうしたらいいかを考えます。そういうスケジュール管理も大切です。

電気工事、水道、ガスなど、業者さんが入る工事は、いつまでに何を、どこまで、誰がやるかを取り決めて、その通りにしないと業者さんに迷惑をかけてしまいます。また、依頼する順番を間違えると手戻りも発生します。そうなるといい仕事ができにくくなるかもしれません。

あまりにも窮屈なスケジュールを組むと、ＤＩＹが楽しめなくなります。間に合わせるために無理なことをして、けがをしたりしては何もなりません。だから、スケジュールにはある程度の余裕を持たせたいものです。

作業中に想定外の事象が出てくるのはよくある話です。解体したら想定外のひどい状況になっていたり、買ってきた部品がうまく入らなかったり、ねじをなめてしまったり、途中で材料が足りなくなったり、想定外の事象はどうしても発生します。そうなると、それをどう解決するかを考える時間が必要になります。私の場合は経験的に「順調に行った場合の時間」の2倍を見てちょうどいい感じです。経験値が上がればより正確なスケジュールも可能になるでしょう。

スケジュールを考えないリフォーム。それはそれでもいいです。しかし、スケジュールを管理しながら進めることで、完成の時期が見えてくるし、どういうことにどれくらい時間がかかるかもわかってきてＤＩＹのスキルもアップします。

ＤＩＹを通じて、スケジュール管理の能力が身に付けば、仕事や、人生にもプラスになるはずです。

6　外注を考える

外部能力の導入を考える

全部を自分でやる必要はないし、苦手なところは外注するという考えもいいと思います。電気、ガスなど、資格が必要なことは、資格を持ってなければ外注するしかありません。

システムキッチンを入れるなら、水道業者さん、電気業者さん、ガス業者さんに図面を渡し、いつまでにこの位置に配線・配管をお願いしますと伝えます。配線・配管ができればシステムキッチンといえども、あとは組み立てるだけで済みます。

和室の洋室化では、自分で根太をつくるのはきついなと思えば、根太まで大工さんにやってもらい、その上の合板張り、フローリング張りは自分でやるというのもいいでしょう。

予算が許すなら、自分にとってやりやすいもの、楽しいもの以外は外注。そういう考えでも問題はありません。また、外注して、業者さんの邪魔にならない程度に見学すれば、やり方の勉強になっていいかもしれません。私がＤＩＹを始めたころは田舎のホームセンターではクロスは手に入らなくて、通信販売もありませんでした。材料が手に入らないので外注するしかなかったのですが、業者さんの仕事を見てやり方を覚えることができました。

道具がなければ時間がかかるものについては、外部の能力活用も有効です。例えば、クロスを大量に貼るときには「糊付け」に結構な時間を要します。糊付きのクロスを買ってもいいし、最近ではホームセンターで糊付けもやってくれるようなので、そういうものを活用してもいいでしょう。思い切ってクロス貼りは外注。そういう考え方でも構いません。

外注は相見積もりが鉄則

外注するときは「複数の業者」に見積もりをもらって比較したほうがいいです。あらかじめ「複数の業者さんに見積もりを依頼する」旨を伝えたうえで、見積もりをもらう。それぞれの見積もりを比較することで、よりよいものが安くできます。そして、数社の業者さんの話や考え方を聞くことで、自分自身のスキルもアップしていきます。

「信頼できる業者さんだから、他社の見積もりは要らない」。そういう人もいますが、何をもって「信頼」なのだろうかと考えてしまうこともあります。その「信頼できる業者さん」の見積もりを見せてもらうと、確かに「単価」はかなり安いけど「数量（施工面積）」が3倍くらいの量で異常に多く、総額ではかなり高くなっていました。こういうことをする業者が存在するのが現実です。「信頼できる業者さん」も含め、数社の見積もりを取ったほうがいいです。

シロアリ駆除は特に差が大きいです。工法や業者によっては3倍くらい違ったりします。数社の見積もりをもらって、考え方を聞き、自分でよく考え、納得したうえで発注しなければなりません。同じ現場なのに、業者によってシロアリの種類が違い、施工範囲も異なり、工事費も一桁違うという事例もありました。

「数社から見積もりをとるのであれば、見積もりは出しません」。そういう業者もいます。他社と比べて利益をたくさん載せていて、相見積もりでは勝てない業者なのかもしれません。

7　私のリフォーム事例

オーナーチェンジのほぼスケンルトンリフォーム

私のリフォーム事例を紹介します。賃貸中の分譲マンションを購入して、退去後に大規模にＤＩＹリフォームしました。

その入居者さんは夫婦仲が極めて悪くなり、毎日大声で怒鳴りあい、子供の泣き声が絶えなかったそうです。その住まい方のせいか、室内はひどく「気」が悪い。室内に入ると、カビやゴキブリのニオイが激しく、異様な重い空気に気分が悪くなり、5分と居られない。そんな状況でした。悪い気を追い出すため、3か月間窓を開けて換気。その後、ようやく作業ができる「気」になりました。オーナーチェンジの怖さを垣間見た。そんな物件でした。

まずは合意を得る

まず行ったのは、近隣の合意を得ることです。分譲マンションなので、まずは管理組合に施工内容を説明し、許可を得ました。施工開始前には、近隣のお部屋の方々に工事の挨拶をしました。施工について事前にご理解いただいたので、苦情はありませんでした。

作業の前段は、ニオイの撤去。3か月窓を開けてかなり緩和されましたが、ニオイのもとは存在するのでやはり臭い。ニオイの染み込んだ、畳、流し台、洗面台、破損のひどいふすまを撤去しました。

一番ニオイがひどかったのは流しです。流し台を撤去するとゴキブリの死骸や排せつ物が山のようになっていました。次にニオイがひどかったのがカビ。外壁に面した壁は結露でカビだらけ。そして風呂もカビだらけでした。風呂のカビは、高圧洗浄をかけてある程度きれいにして、カビ取り剤で除去を試みます。あまりに大量に必要なので、途中から漂白剤に変えました。

漂白剤はカビも取れるし、ニオイもある程度消してくれます。しかもカビ取り剤より安価です。部屋の壁のカビも漂白剤を使いました。流し台の跡にも使ってみると、ゴキブリのニオイがかなり消えました。

どんな部屋にするか。費用はどこまでにするか

前段作業に並行して、どんな部屋にするかを考えました。60㎡くらいあるので、子供がいる家族をターゲットにしよう。子供がまだ小さいと長く住んでもらえるだろうと考えました。

そのためには子供部屋と夫婦の寝室を確保し、広いリビングをつくって、そこで家族団欒を楽しんでもらおう。また、カビが生えていた壁は断熱材を入れて結露を緩和させ快適にしよう。薄い化

粧合板の壁は石膏ボードにして、防音性能の向上を図ろう。二重窓で断熱性と防音を確保して、住みやすくて、音が漏れにくいものにしよう。そうすれば子供が多少騒いでも心配ないので住みやすいはず。そう考えました。

床は傷みが激しいので、全部をめくって断熱材を入れよう。仕上げは断熱性もあり、掃除が簡単なクッションフロアにしよう。併せて給排水管も更新し、水回りを一新しよう。給湯機を交換し、給湯配管を設置して、洗面台やキッチンへも給湯できるようにしようと考えました。リフォームの予定範囲はバスタブと電気配線以外のほぼ全部に及びました。予算は150万円。DIYだと、業者さんの見積もりの半額以下です。

手順とスケジュール管理

このときは「趣味」と割り切って、スケジュールは組まず、気が向いたらやる。そんな気楽なDIYとしました。

まずは天井塗装から着手。作業台をつくって、作業の効率化を図る。このときの作業台は90㎝×180㎝の物で、2台つくりました。作業台の上にペンキを置くと、いちいち降りなくてもローラーにペンキが付けられるし、長い柄は必要なく、普通のローラーで直接塗れるので作業も早い。また、2台を使うことで、台から降りずに広い面積に施工できる。作業台の移動、作業台への昇り降りが減り、作業性は大幅に向上しました。

次に壁の下地づくりに着手。カビが生えていた壁は、漂白剤でカビを落としたうえでワンバイ材を打ち付け、断熱材を入れて、合板と石膏ボードを張りました。

壁の下地をつくったら次は床。床板は全部剥がして張りなおし。根太は劣化が激しい部分を交換。その根太に合板を載せるところまで行う。クッションフロアの仕上げはクロスを貼ってからにしました。こうすれば、合板を張った床の上でクロスの糊付けもできるし、棚をつくったり、造作の木材を切ったりもできます。

床の合板張りが終わってから、クロス貼り、珪藻土塗り、二重窓設置、クローゼット設置、棚取り付けなどを行いました。壁はクロスを基本としましたが、夫婦の寝室の一部を当時はやりだった珪藻土としました。

あらかたの大工仕事とクロス貼りが終わったら、クッションフロアを貼ります。その後、ふすま貼替え、洗面台・便器・ドア・コンセントその他を取り付けて工事は終了しました。

完成する前のこと

完成する直前に、同じマンションに住んでいる人が見に来てくれました。入った瞬間に「あ、音が全然違う」とびっくりされていました。当時は珍しかった節水型便器を気に入ってくださり、システムキッチンは私の夢だとおっしゃる。そして二重窓の効果にもびっくりされていました。同じマンションの相場賃料より2割高い家賃を設定しましたが、この方が入居してくださいました。以来、8年以上住んでいただいていますが、トイレのレバー不良の他にクレームはありません。

なお、この事例は、拙著『これでばっちり！　マンションDIY・リフォームを楽しもう（セルバ出版）』にも書いています。また、同書には他のリフォーム事例も書いているので、ぜひ参考にしてください。

8　築古戸建てのリフォームを考える

築古は簡単ではない

分譲マンションであれば、室内だけのリフォームとなり、手順を間違っても、時間がかかるだけで済んだりします。費用も増えるでしょうが、戸建てほどの大きな間違いにはならないでしょう。

戸建ての場合は、分譲マンションと違い「建物全体を考えること」がより重要です。どこまでやるか。どこまで費用をかけるか。順番はどうするか。不測の事態が発覚したらどうするか。最初にしっかり考えておく必要があります。

表面だけでいいのか

よく聞くのが、表面だけきれいにしておけばいいという考えです。見えるところだけきれいにする。その考えは否定しません。しかし、見えないところが傷んでいると、将来にそのメンテナンスコストが発生します。ご入居後であれば、メンテナンスコストが大幅に増えるかもしれません。入居者さんにも大きな迷惑をかけます。

シロアリを放置して食害が進めば、躯体まで食われてしまって大変なことになるかもしれません。雨漏りを放置すれば、劣化は確実に進んでいきます。大雨で大量に漏水すると大変なことになります。入居者さんの家財も補償をしなくてはなりません。さらに建物の修理もしなければなりません。ご入居中の修理は、空室時に比べて手間がかかります。入居者さんに一時移転していただくにも相応の費用がかかります。

傾きを放置して、傾きがさらに進行すれば、大切な入居者さんの健康にも悪影響を及ぼすかもしれませんし、地震が来たときに倒壊するかもしれません。

まずは床下を確認

私なら、まず床板をめくって、床下を総点検します。床板をめくれば、悪いところがしっかり確認できます。シロアリがいれば駆除するし、根太や束が悪ければ補修または取り換えをします。直せる沈下があれば直します。直せる沈下を直した後で、床の傾きを調整、解消していきます。

給排水管・ガス管を確認し、状態が悪ければ修理あるいは交換します。給湯管を新設するのであればこのタイミングで新設します。床をめくることで修理がしやすくなったりします。ＤＩＹでも簡単に直せたりします。

次に雨漏り

次に雨漏りを確認します。沈下を修正した後の屋根や外壁をしっかり点検し、雨漏りがないことを確認します。修理したほうがよいところがあれば、まず直します。そして、構造体が長持ちするようにします。沈下や、雨漏り、給排水管等を直した後に床を復旧させ、室内のリフォームをします。

壁のリフォームをするのであれば、石膏ボードを張ったり、断熱材を入れたりして、防音性能や断熱性の向上を検討します。

また、電気配線を確認し、エアコンを付けた場合にどうなるかを考えます。必要に応じて電気容量のアップをします。

こういった、「家としての機能」を維持することを最優先で考えます。「ご入居後」だと、修理が難しい部分をしっかり直していきます。

築古は収支計画が重要

そして、これらは購入時にあらかじめ費用として計上して「収支計画」を立てます。

戸建てを安く買った。だけど修理費が莫大にかかり、手間もかかった。あるいは、ご入居後に莫大な修理費がかかったうえ、入居者さんにたいへんご迷惑をかけた。補償に莫大な費用がかかった。

そのようなことがないよう、買う前に、構造に関する部分まで含めたリフォームをしっかり考えてほしいものです。

コラム・木造住宅は構造的なものも考える

瓦が飛んでいたり、壁にクラックがあるのに放置していた木造アパート。ある日突然崩壊したという事例があります。柱はシロアリの食害でスカスカでした。雨漏りを放置した結果、シロアリが好む環境になり、シロアリが発生しても放置していた結果でしょう。早い時点で雨漏りを直しておけば崩壊しなかったかもしれません。

不等沈下で雨漏りしていた築古戸建て。雨漏りを直すために屋根を張り替えました。雨漏りは止まったけど、室内は人によっては傾きが気になるレベル。室内の傾きを直せばそれなりに費用がかかるし、窓の傾きも直す必要がありそうで、その費用もかかる。沈下した柱をジャッキアップしたら傾きは直るでしょう。しかし、ジャッキアップでせっかく直した屋根瓦がずれて雨漏りするかもしれません。もし、最初に沈下した柱をジャッキアップして直しておけば、安い費用で済んだかもしれません。

建築後地盤が沈下したアパート。床のレベル調整でしのいでいたけど、その後も沈下は進行。何度か床のレベル調整で対応。その結果、目で見て壁の傾きがわかるのに、床は水平というアンバランスになり、入った瞬間に気分が悪くなるような部屋になりました。アンバランスを解消するには壁や窓にも手を付けないともう無理。そんな感じでした。

傾いた家は、地震時にも偏った荷重がかかり、崩壊しやすいかもしれません。戸建ては、構造の面からもしっかり考える必要があります。

木造住宅の耐用年数は 22 年とされていますが、これは減価償却の考えです。雨漏りやシロアリ、傾きをしっかりメンテナンスすればもっと使えると思います。リフォームのタイミングで、これらの構造的なことを考えることも重要です。

コラム・日曜大家さん流、築古戸建ての考え方

楽待コラムニストであり、『戸建てのDIY再生による不動産投資（セルバ出版）』を書いた、日曜大家さん。彼は、築古戸建てを再生する場合の注意点を、次のように語っています。

大切なのは、購入する際にしっかり「調査」すること。そして「購入前」に、修繕内容を把握することです。購入前に、外観と、室内をしっかり調査する。外壁は、チョーキング（塗料が劣化し、触ると手に粉が付く）の有無、コーキングの劣化、浮きや割れがないかを見る。基礎は、割れがないか、通気口は確保されているかを確認。室内は、雨漏りがないか、天井のシミ、屋根裏のシミ・濡れを確認。床は、傾き、きしみがないかを見る。床下は、湿気を確認、シロアリがいないかチェックする。そして不具合があれば、「修理に必要な金額」を考える。

リフォームにあたっては、どのような方に住んでもらうか考える（年齢・家族構成・年収・趣味、ライフスタイル等）。またその方に住んでもらえるために、物件イメージや家賃設定を考える。

施工にあたっては、施工内容をリスト化して、施工順序を決定することが大切。必要な作業をリスト化し、作業効率の高い施工順序を決める。基本は上から下への作業が効率的。

これらを考えて、購入費用のほかに「修繕費をしっかり見込んだうえ」で購入を検討する。そして、「苦痛にならないＤＩＹ」を目指してほしい。ＤＩＹは　Do It Yourself　。自分でやってみるもので、本来は楽しいものであるべき。無理な作業は「苦痛」となり、楽しいものではない。築古戸建の修繕費用は高額になりがち。経験もないのに自分ひとりでＤＩＹに挑戦する方もいますが、無謀なＤＩＹで諦めて売却する方もいるのが現実です。

ＤＩＹは少しずつ経験して楽しく行いましょう。難しい部分は業者にお願いすることも大事です。

コラム・ＤＩＹで大切な能力

ＤＩＹで大切な能力。それは「その先を考える」ことと、「機能から考える」ことです。テクニックを身に付けるより、その先を考えることと、機能から考える能力を身に付けてほしいと思います。常にそのことを考えてほしいと思います。

フェイスブックに、ペンキ塗りをしている写真の投稿がありました。屋根の上に登ってペンキを塗る写真です。安全帽も、安全帯もしていません。しかも、ロングスカート。本人は自慢のつもりなのでしょうが、その先を考える能力が足りません。その先を考えると、「危険」を考えつくでしょう。高い所の作業なので、転落したら危険だ。転落を防ぐには動きやすい恰好がいい。ロングスカートだとどこかに引っかかるかもしれない。動きやすい格好にして、まずは転落防止を考えるべきです。

次に、「もし落ちそうになったら」どうするかを考えるべきです。安全帯を付けよう。手すり代わりになり、転落しそうなときに握れば安全なロープを張ろう。足場を準備しよう。などという考えになります。

それでも、もし落ちたらどうしようかと考える。じゃあ、安全帽をかぶるとか、途中で落下が止められる足場やネットを準備しようなどと考えます。このように「その先を考える」姿勢が重要です。考えることで、まずは事故が起きにくくなります。万が一事故になっても保護具があれば、けがを軽くすることができます。

もう１つ大切なのは「機能から考える」ことです。できない理由を考え、それを解決する手段を機能から考えることが大切です。また、危険を考え、その対策を機能から考えることが大切です。危険を機能から考えることは、こうすればどうなるかと「その先を考える」ことでもあります。「その先を考える」「機能から考える」ことは日々の生活にも生きてきます。その先を考える努力、機能から考える努力を積み重ねて、その先を考える能力と機能から考える能力を身に付けて、安全にＤＩＹを楽しんでください。

8 章

実践編

私が経験してきたＤＩＹの実践方法を以下に述べます。

そのほかのＤＩＹは、拙著『これでばっちり！　マンションＤＩＹ・リフォームを楽しもう』（セルバ出版）でも取り上げたので、そちらも参考にしていただければ幸いです。

1　網戸張替え・戸車交換

難易度1、節約効果4、おススメ度5。

入門編として簡単で満足できる。

網戸張替え

網戸張替えは、簡単です。しかも、外注するよりかなり安くて済む、節約効果の高いＤＩＹです。

必要な道具等は、網、網押さえゴム、カッターナイフ、網押さえローラーで、簡単にチャレンジ可能です。

まず、古い網を外します。網は網の周りの丸い棒状の網押さえゴムを外せば、簡単に取れます。ゴムの端部（切れ目）を、網押さえローラーの突起部やねじ回しなどで引っ張り出します。網を引っ張れば一緒に取れることもあります。

網押さえゴムは傷んでいれば新調します。ゴムの直径はサイズが何種類かあるので、先に既存の

〔図表15〕

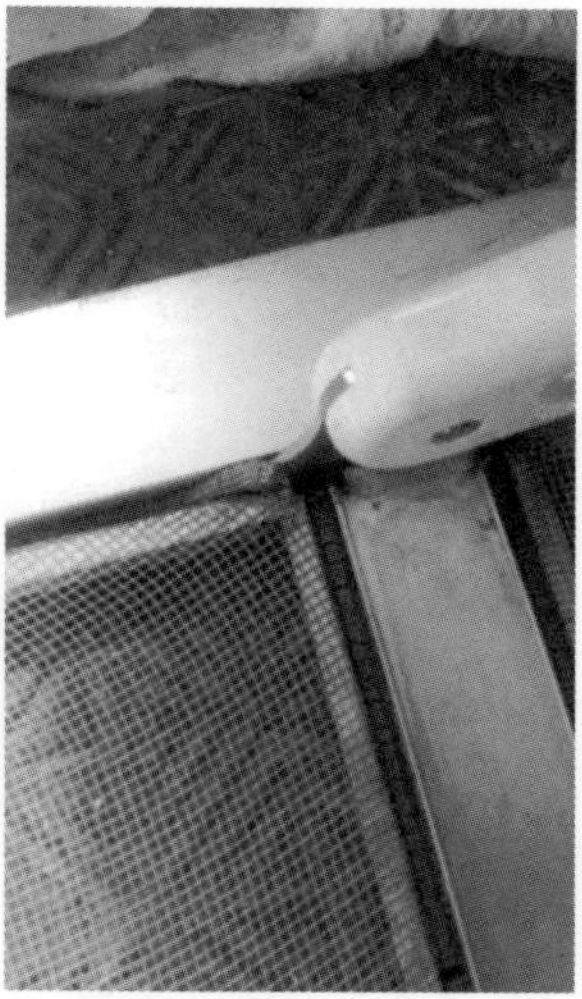

写真説明：網押さえゴムを外して、網を外す。

〔図表16〕

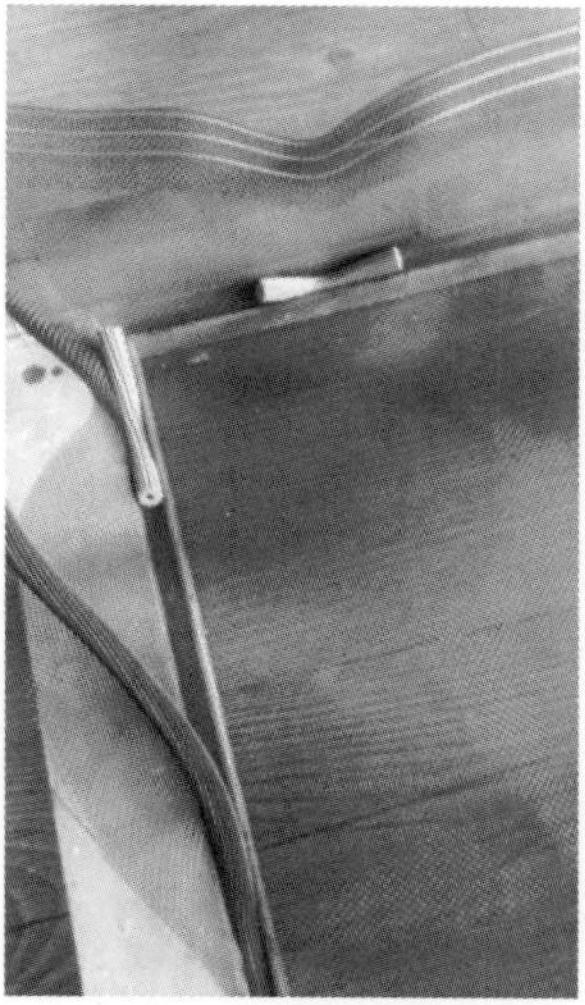

写真説明：古い網押さえゴムで、新しい網を仮押さえしてもいい。

網押さえゴムの一部をカットしてホームセンターに持って行き、サイズが合うものを買います。ただし、古い網押さえゴムは縮んでいることもあるので、新品より小さな状態になっていたりするので注意が必要です。

次に、枠に網を載せ、仮止めします。専用のクリップで網を押さえてもいいですが、誰かに網を押さえてもらったほうが簡単で確実だし、クリップも買わなくて済みます。あるいは、網押さえゴムを使って網を仮止めする方法もあります。網は、網押さえゴムが収まっていた枠の溝に、ローラーでゴムを押し込んで固定します。

網押さえゴムはまず、隣り合う2辺を押さえます。L字状に押さえる感じ

〔図表17〕

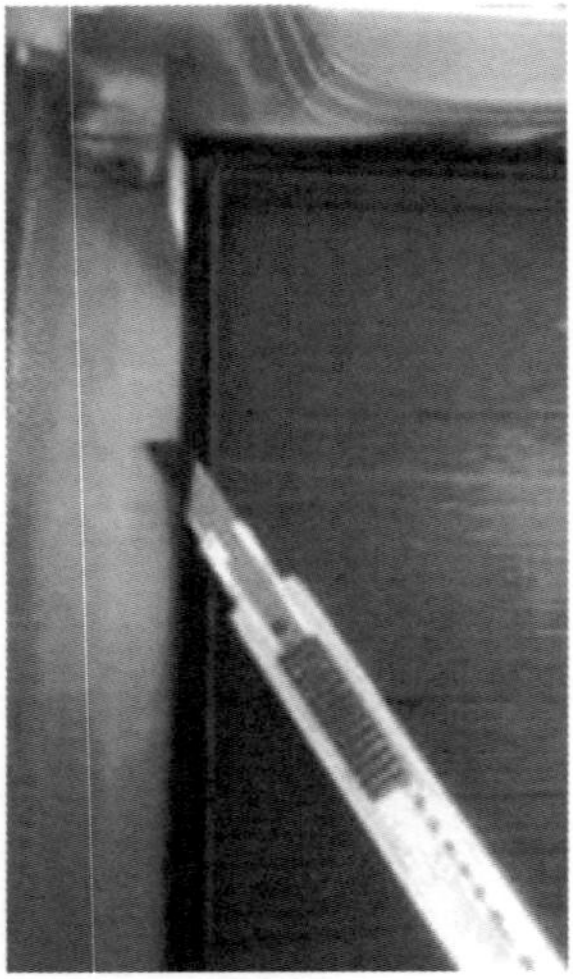

写真説明：網の余分な部分はカッターナイフを網の外に向けて切る。

になります。網をはさんだ向かい側の枠（L字の反対側）の網押さえゴムを押さえるときに、網をちょっと引っ張りながら押さえていくとぴんと張れます。また、網の目と枠が同じ方向になるように（斜めにならないように）すると仕上がりがきれいに見えます。

網押さえゴムを全周（4辺）に押さえた後、余分な網押さえゴムを切ります。その後、網のはみ出た余分な部分をカッターナイフで切ります。このときに、網の内側から外側にカッターナイフを向けて切ります。逆に外側からカッターナイフを当てると、せっかく交換した網を切ってしまうリスクが発生します。

戸車交換

傷んだ戸車は、ねじをはずせば取れるので、ホームセンターに現物を持っていって、合うものを買ってきて交換します。合うものがない場合は「差し込むタイプの戸車」があるので、サイズが合うものを買ってきて取り付けます。

ねじは固着していることもあり、安易にねじを緩めようとすると、ねじ頭の溝をなめてしまうことがあるので注意が必要です。コラム（P96）に書いたように、網戸を地面などの固いところに置き、動かないようにします。インパクトドリルをねじにしっかり押し付けて、少しずつ回して外すのが確実です。

2　カランの取り換え

難易度3、節約効果5、おススメ度5。
コツを覚えれば簡単で、コスト削減効果大。

カラン（水栓、蛇口）

カランは水栓、蛇口などとも呼ばれます。壁に付けるタイプと、台に乗せるタイプとがあります。ここでは壁付けタイプについて述べます。これも努力すれば何とかなるＤＩＹです。

カランには水やお湯だけが出る「単水栓」と、水とお湯を混ぜて出す「混合水栓」があります。混合水栓には、ひねるハンドルがお湯と水にそれぞれ付いた「２ハンドル」、１つのレバーで水とお湯の量を変え温度を調節する「シングルレバー」、温度自動調整の「サーモスタット」があります。

私がよくやるのは、２ハンドルをサーモスタットへの変更です。入居者さんの利便性を考えると、ハンドルが別々の2ハンドルより、サーモスタットがいいです。サーモスタットも最近は安くなっており、安いものは1万円ちょっとで手に入ります。

必要な道具等は、スパナ（またはモンキーレンチ）とシールテープ。取り換え方はカランに説明書が添付されていると思うので、それを見ながら行います。既存のカランを外して、その逆の手順で新しいカランを取り付けるだけです。

ポイントは大きく3つです。

ポイント①

水を止めて作業すること。

当たり前のことだけど、初めのころは忘れがちです。水道メーター横の止水弁を締めて、メーターのパイロット（水が流れるとくるくる回るコマ状の物）の停止を確認して水が止まっていることを確認します。

そしてカランのハンドルやレバーをひねって水が出ないことを確実に確認して作業します。場所によっては配管内に残った水がしばらく出ることもあるので、バケツや雑巾などを用意しておきます。

もし、交換するカランより低い位置に別のカランがあれば、低い位置のカランを先にあけて水を流しておくと、交換するカランを外したときに出る水が少なくて済みます。

ポイント②

シールテープをしっかり巻くこと。

シールテープはねじ部分から水がしみないように巻く白いテープで、薄くて、あまり強く引っ張りすぎると切れてしまいます。シールテープを、ねじ山がはっきり見える程度に引っ張りながら、時計方向に巻きます。巻き方が弱いとうまくいかないことがあります。なお、シールテープを巻く前に、ワン座（壁の穴の目隠しになる丸いプレート）を先に付けておきます。

〔図表18〕

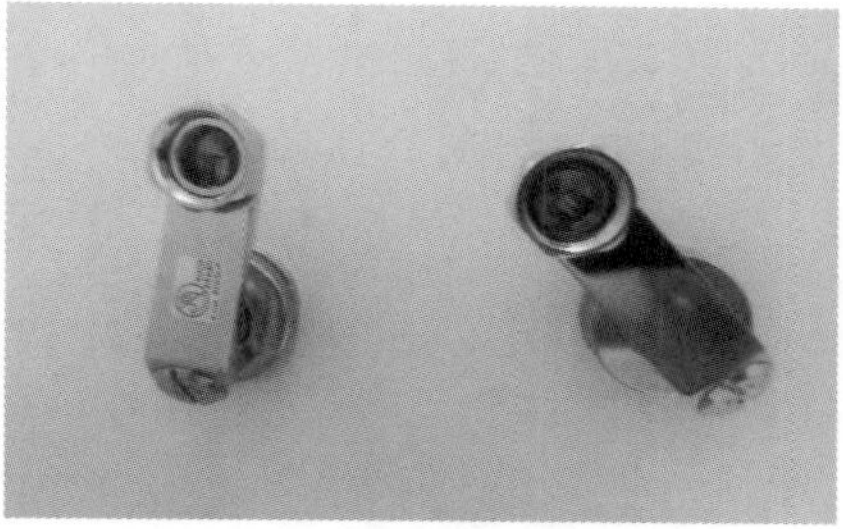

写真説明：取り付け脚は、左側が少し高い状態にし、カランを仮止めしたのちに増し締めして、左右の高さを合わせる。

ポイント③

取り付け脚（壁の給水管とカラン本体をつなぐ配管）を回しすぎて戻さないこと。

カランは取り付け脚を介して壁に取り付けられています。給水と給湯の２つの取り付け脚を付けて、給水と給湯の高さを合わせます（水平にする）。それにカラン本体をナットで取り付ける形になります。取り付け脚は、取り付け時に回す角度によって左右の高さをそろえます。この取り付け脚を回しすぎてはいけません。回しすぎて戻す（緩める）と、水漏れの原因となります。

取り付け脚を外すときに、何回回して外れたかを覚えておきます。もし忘れたら付ける前に、何回回すとそれ以上締まらなくなるかを確認します。所定の位置（角度）より少し手前まで締めていきます。

カラン本体を取り付け脚にナットで軽く仮止めしたのちに、最後にカラン本体が水平になるように取り付け脚を増し締めします。その後ナットを増し締めます。

最後に漏水がないことを確認して完了です。ティッシュペーパーなどで、完全に水をふき取って様子を見ます。30分くらいあとにも漏れがないことを、再度確認します。水が漏る場合は、シールテープの巻き方に問題があります。シールテープを巻きなおします。場合によっては、巻く回数を増やして再度チャレンジします。

3　クロス壁の補修

難易度3、節約効果4、おススメ度5。
工夫して、きれいに仕上がれば満足度は高い。

穴の補修

クロスは、画鋲などで小さな穴があいた、継ぎ目がめくれた、部分的に破れた、下地の石膏ボードごと破れたといったことがあります。

小さな穴があいたものは、似た色のジョイントコークをその穴に多めに詰めてふき取ります。周りのクロスにもジョイントコークを少し残す感じにすれば、多少の色の違いはわかりにくくなります。

穴が少し大きい場合は、破れたクロスが残っていれば、しわを手で伸ばして、水で濡らして伸びた状態にして、ジョイントコークなどで貼ります。破れたクロスが残ってなければ、穴にジョイントコークを詰めた後に同じ柄のクロスを当て、ジョイントコークで接着します。

同じ柄のクロスは、コンセントカバーの隠れた部分から調達できるかもしれません。同じクロスが貼られたところにあるコンセントカバーを外してみると、その下に使えそうなクロスがあるかもしれません。

継ぎ目のめくれ

継ぎ目がめくれたものは、糊やジョイントコークで貼りなおします。このときにポイントがあります。クロスは糊で伸びた状態で貼られます。だから、貼った後の乾いたクロスには縮もうとする力が働いています。乾いてめくれたクロスは縮んでしまっているので、そのまま貼ってもうまくきれいになりません。また、めくれた部分に十分な糊が付かなかったりします。そこで工夫をします。

ポイントは2つ。糊を付ける面積を増やすことと、伸ばすことです。

〔図表19〕

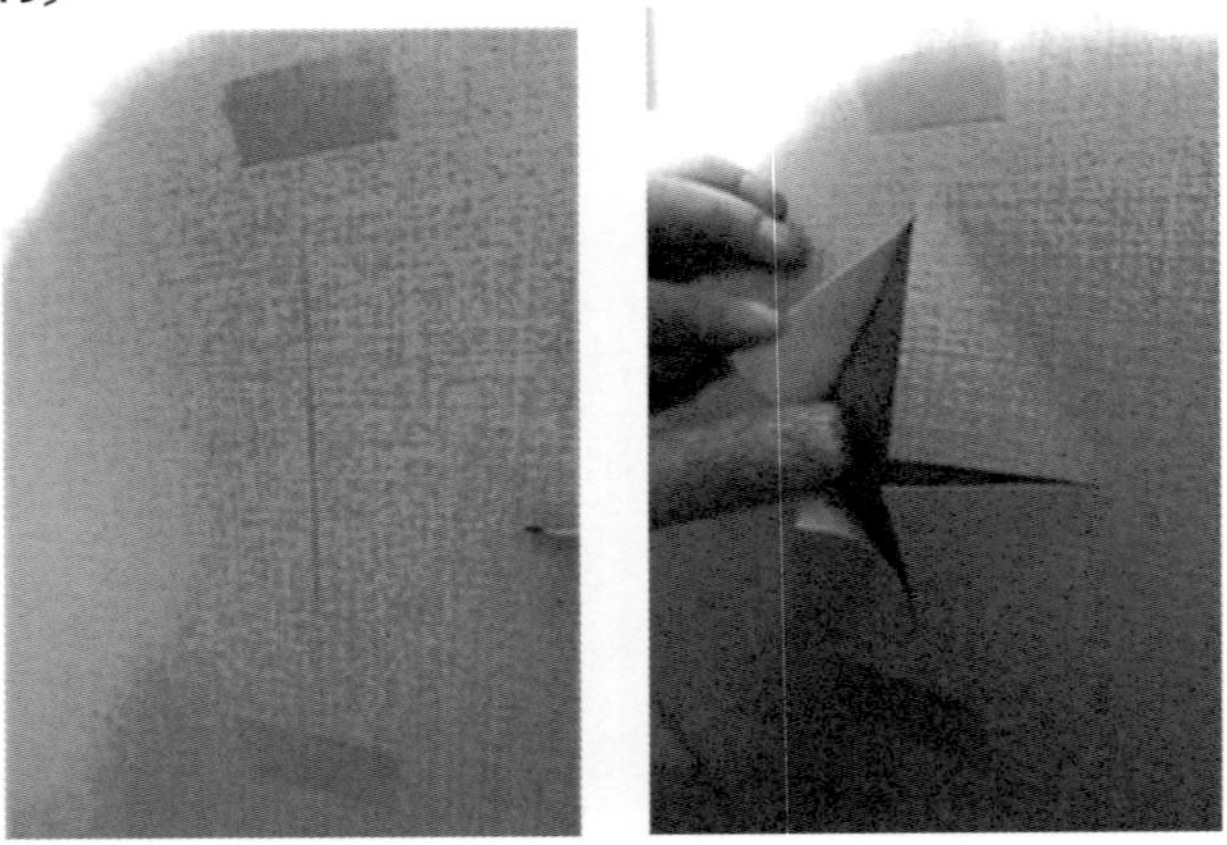

写真説明：めくれ（写真では上のマスキングテープと下のマスキングテープの間）と直角方向にクロスを切り（写真では左右方向）、めくれ付近のクロスを剥がす。めくったクロスに糊を付けて馴染ませたあとに貼る。

〔図表20〕

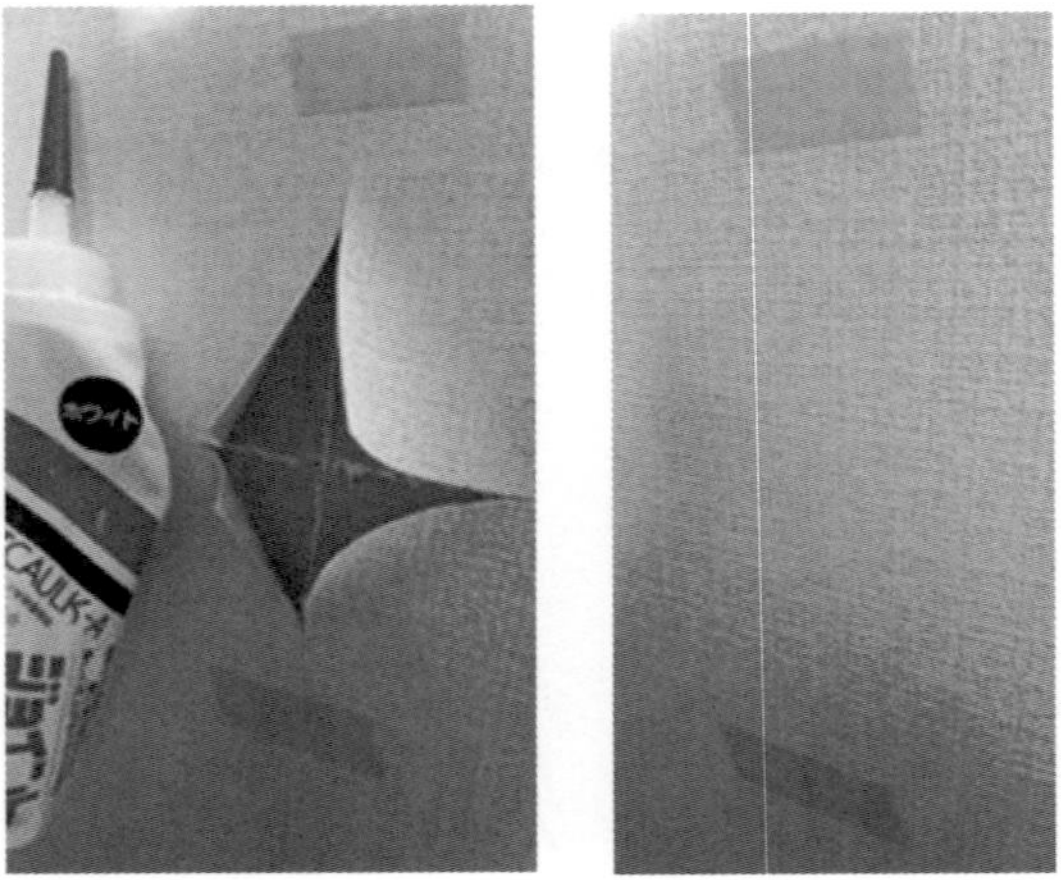

めくれの場合、めくれと直角方向にカッターナイフで切れ目を入れて、クロスをめくります。こうすれば、ある程度の面積のクロスを破らずにめくれます（図表19）。クロスをめくることで糊を付ける面積が大きくなり、しっかりと止めることができます。カッターナイフで切った部分は、上手に合わせればほとんどわかりません。

もう1つは、糊を付けてしばらく待ってクロスが伸びてから貼ることです。伸びた状態、すなわち貼ったときと同じ状態にすることで、めくれたところをぴったり合わせることが可能です。必要ならジョイントコークを付けて、ローラーでしっかり押さえておきます（図表20）。

穴が空いている場合

ボードごと穴が開いた場合は、新しい石膏ボードを穴にはめてクロスを貼りなおします。

まず、開いている穴より大きい、穴埋め用の石膏ボードを切る。三角形でも、四角形でもいいです。切りやすいように直線で切ります。

次に、切った穴埋め用の石膏ボードを、既存のボードにあいた穴をふさぐようにあてて線を引く（図表21）。

線を引いたら既存の石膏ボードをカッターナイフ等で切って、用意した穴埋め用の石膏ボードが入るようにします。次に、既存の石膏ボードの裏（奥）に合板等を入れて、既存の石膏ボードの上（表）から石膏ボード用ビスで止めます（図表23）。

穴埋め用の石膏ボードを既存の石膏ボードの穴にはめ込んで、既存の石膏ボードの裏に取り付けた板にねじ止めします。穴埋め用と既存石膏ボードの接合部はV字の谷になるように削る（V字の溝を掘る）。溝とねじの頭にパテを打って、乾いたら紙やすりで平滑にしたうえで、クロスを貼ります（図表24）。

もし、穴の開いた部分のクロスがうまく残っていれば、再利用も考えます。穴埋め用の石膏ボードがすっぽり入る面積までにクロスをめくり、穴を埋めた後にクロスを伸ばして、糊を付けて貼ることができるかもしれません。

〔図表21〕

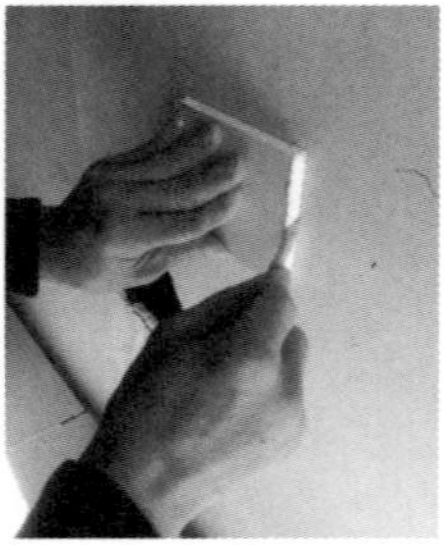

〔図表22〕

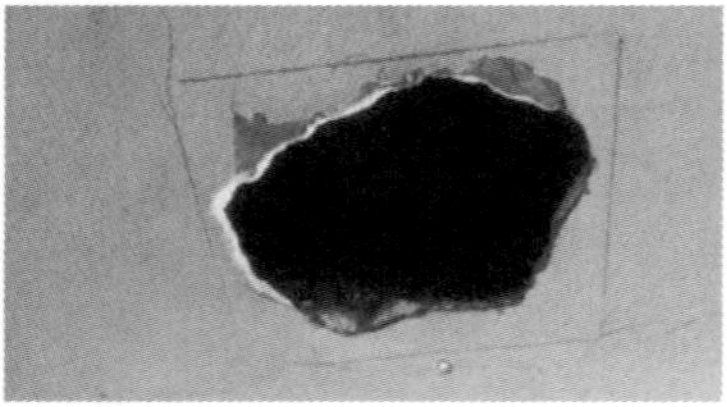

〔図表23〕

〔図表24〕

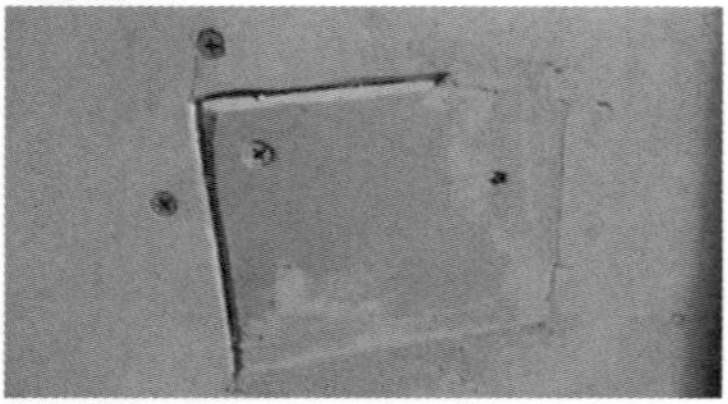

写真説明：接合部はV字の谷になるように削り（左上）、そこにパテを打って平滑にします（右下）。

4　畳をクッションフロアやフローリングに

難易度4、節約効果5、おススメ度4。
仕上げ精度によって難易度が大きく変わる。

和室の洋室化

和室の洋室化。私はフローリングよりもクッションフロアがいいと思います。

クッションフロアは、安価で、施工がしやすく、多少は断熱性があり、クッション性もあり、足にやさしい。音も緩和されるし、水をこぼしても拭き取りやすい。両面テープで貼れば、施工も容易だし、次回の取り換えも簡単です。私の経営するデイで18年使っていますが、特に問題はありません。

クッションフロアは、両面テープを床に張り、その上に載せます。継ぎ目はクロス同様重ねて切ります。継ぎ目は、シームシーラーというもので溶着（接着）させます。これにより、ゴミが継ぎ目に詰まることもないし、継ぎ目が開く（剥がれる）ことを緩和できます。

使用する材料は、クッションフロア、両面テープ、シームシーラー、根太の材料（私の場合はワンバイ材）、合板、３㎜、４㎜、５㎜など厚さの違う合板を切ってつくったパッキン、それらを止めるねじです。私は根太をつくるときもワンバイ材を利用します。ワンバイ材は幅が広いので、上に載せる合板が継ぎやすい。ねじ止めするときもシビアにならなくて済むので施工が楽です。但し、ワンバイ材は「反り」が多いので、必要に応じて床にねじ止めします。

基準点を決める

施工前に、基準点となる高さを決めます。どこに高さを合わせるかを考えます。私は、敷居に合わせるのが作業性も、使用上も都合がいいと考えています。

多くの建物は傾いています。そして床も傾いていたり、高さが違って凸凹していることもあります。敷居が傾いている場合もあります。基準点を安易に決めると面倒なことになったりします。敷居付近に段差が付いたり、部屋の端に大きな段差ができたり、場合によっては開き戸が新設した床にあたって開閉できなくなったりします。敷居が傾いている場合は、可能であれば敷居を水平に直し、それを基準の高さにしたほうがきれいです。

根太の高さを考える

次に、新設する根太の高さ（厚み）を考えます。畳の厚みはいろいろありますが、仮に50㎜としましょう。クッションフロアが2㎜、合板が12㎜の2枚重ねとして24㎜、19㎜のワンバイ材とで合計45㎜。畳の厚みである50㎜から45㎜を引いた残りが5㎜なので、5㎜の合板をパッキンとして根太（ワンバイ材）の下に30㎝おきに入れます。これが標準の高さ（厚み）になります。

既存の床板の高さに凹凸があれば、根太の下に厚みの違うパッキンを当てて調整します。既存の床が低い所は3㎜を2枚で6㎜、3㎜と4㎜を1枚ずつで7㎜などとして高さを調整します。逆に高いところは5㎜の代わりに、4㎜、3㎜などを入れて調整します。パッキンはねじ止めしたほうが、ずれないし、床鳴りの原因を減らすことができます。

根太の高さを合わせる

レベル（高さ）合せは、まず基準となる根太の長手方向を基準点の高さに合わせます。次に、水準器を載せて、隣りの根太の高さを合わせていきます。あるいは、水糸と呼ばれる糸を、規準点の高さに張って、その糸の高さに合わせてもいいです。レーザー水準器を使うのであれば、基準となる点が根太から何ミリの高さにレーザーが当たるかをさしがねなどで測ります。ほかの位置も、レーザーの位置が同じ高さになるようにパッキンで高さをそろえていきます。

根太の高さを合わせたら、床板となる合板を敷いて、根太にねじ止めします。根太と根太の間などの「下地がない場所」で合板を継ぐときは工夫します。根太を新設したり、つなぐ部分の床板の下に板を当てて、板を介して床板同士をねじ止めするなどの補強をします。あるいは新設する床板を2重にして、上下で長手方向を変え千鳥に張り、継ぎ目をずらすという手法もあります。

根太、合板と根太、合板と合板の継ぎ目は、しっかりねじ止めしないと床鳴りの原因となります。

たわみを考える

たわみをどうするかも考えます。古い戸建ての場合、既存の根太と根太の間隔が広く、たわみやすいこともあるので、そこをどうするかを考えます。多少のたわみは許容するのであれば、それもいいでしょう。たわみを許容しないなら、新設する床板を厚いものにしたり、根太の増設や交換といった考えも必要です。

根太の上に床の合板を張ったら、その上にクッションフロアやフローリングを張って仕上げます。

考えておきたいポイント

和室を洋室化する場合、1階の施工では考えておきたいポイントが2つあります。

1つは湿気の問題です。1階部分の床は考慮する必要があります。古い戸建てだと、畳の下の板には隙間があり、床下の湿気はその隙間から畳を通して放出される部分もあると思います。これを合板でふさぐと、湿気が溜まり、合板にカビが生えるなどで劣化が急速に進んだりします。また、シロアリの好む環境にもなったりするので、換気を考慮します。理屈を理解していないリフォームは建物の劣化を著しく進める原因にもなります。

もう1つは点検の問題です。和室の畳の下は板になっており、床下点検のときはその板をめくって床下に潜れるようになっています。1階の和室をすべてフローリングにする場合は、将来のメンテナンスをどうするか考えておく必要があります。1つの解決策として「床下収納」をつくるという方法があります。必要なときは収納カゴを外して床下に入れるようにします。

ＤＩＹでも、将来のメンテナンスを考えることは大切です。

5　二重窓

難易度3、節約効果4、おススメ度5。簡単で、効果もわかりやすい。

既存の窓の内側に内窓を追加

既存の窓の内側に内窓を追加することで「二重窓」になります。二重窓にすると、防音性や断熱性が向上し、窓の結露も減ります。断熱・防音性能の向上には断熱性の高いガラスと交換するという手法もありますが、二重窓だと既存の窓の内側に「追加」で設置すればよいので施工も簡単です。ＤＩＹで可能だし、コストも断熱性の高いガラスへの交換より少なくて済むのではないでしょうか。

また、断熱性の高いガラスに交換しても、既存の桟（窓ガラスを止める枠状の物）部分の結露は改善できません。交換前はガラスに付いていた結露が、ガラスの断熱が向上した結果、行き場を失い結露が桟に集中する可能性もあります。

必要な道具等は、巻き尺、ねじ回し（またはインパクトドリル）で、ふかし枠（窓枠の奥行きを広くする枠）を付けるなら、鉛筆、のこぎり、さしがね、水準器、ワンバイ材、ねじです。

二重窓を取り付けるには、窓枠（窓を壁に止める枠）に内窓が収まる余裕（奥行）が必要です。内窓が収まる余裕があれば、既存の窓枠の内側（二重窓用の窓枠が入る部分）の寸法を測って内窓を発注します。届いた枠を窓枠にねじで止めて、障子（ガラスと桟が1つになったもの。窓）を入れれば完了します。

既存の窓枠に内窓を取り付ける余裕がないときは「ふかし枠」と呼ばれるものを取り付けます。このふかし枠を取り付けて寸法を正しく測れば（間違えなければ）、あとは、寸法に合った二重窓を買って、窓枠をねじで止めて、追加の窓をはめるだけの簡単な作業です。

ふかし枠をつくる

ふかし枠は、意外と高額だったりします。そこで私はこの枠をワンバイ材でつくります。既存の窓枠に置いて、窓の開け閉めに支障のない位置にワンバイ材をねじ止めします。このときに、左右、上下を平行（垂直・水平）にすることが大切です。古い建物では敷居や鴨居、柱が水平、垂直でない場合があります。内窓（追加の窓）は多少の誤差は受け入れてくれますが、許容範囲を超えると取り付けられません。そこでふかし枠の下に、必要に応じて薄い合板などのパッキンを入れて調整します。

ふかし枠のワンバイ材はそのままでもいいですが、塗装すると見た目がきれいになります。あるいはクロスを貼ってもかまいません。

〔図表25〕

写真説明：既存のサッシは木枠に止められていることが多い。この木枠の上にワンバイ材をねじで止め、ふかし枠とする。ふかし枠の上に内窓のレールをねじ止めして、そこに内窓をはめ込む。

6　雨漏りを直す

難易度5、節約効果5、おススメ度3。
難易度・満足度は高い。高所は危険。

雨漏りを直すのはプロしかできないと決めつけない

雨漏りを直すのはプロじゃないと無理。そう決めつける必要はありません。要は、雨漏りしている箇所を発見し、原因を考え、それに対策を施せばいいのです。

漏水跡を見る

雨漏り箇所を発見するには、6章4で述べたような手法で、屋根裏や壁に付いた漏水跡を見ます。そしてその漏水跡が始まっているところが問題箇所になります。その漏水跡の始まりより、少し上を疑います。漏水跡の始まり付近の屋根や壁に外からホースで水をかけます。始まり付近、20㎝上部、もう20㎝上部と少しずつ水をかける位置を上げていきます。水が漏り始めたところが問題箇所となるので、その場所付近にある原因を探して対策を講じます。場合によっては、水をかけてから漏水が始まるまでタイムラグがあるので、タイムラグを勘案しながら漏水箇所を特定します。

文章にすると簡単ですが、水は高い所から低い所に流れるのが基本なので、漏水しているところより上から漏れているはずです。基本に忠実に考えて確認すればいいのです。

注意すべき点は、室内側の漏水箇所と、外壁や屋根の不良箇所は一致しないことがあるということです。

木造の屋根は、野地板（屋根板）の上に、ルーフィングという防水シートが敷いてあり、その上に瓦などが載っていたりしています。だから、野地板が濡れているところは、ルーフィングの切れ目（あるいは破れ目）だという場合もあります。傷んだ瓦などはそのルーフィング切れ目（破れ目）より上ということもあります。外壁も同様に防水シートが張ってある場合は、漏水箇所と傷んだ箇所が一致しないこともあります。鉄筋コンクリートも同じように防水がしてあれば、傷んだ箇所（傷んだ面）は漏水箇所より高い場所の「防水の切れ目」になる場合があります。

残念ながら、こういう理屈が理解できていない業者もいます。わずか数例の経験ですが、この手法で原因を特定してきました。業者から屋根一面を張り替えないとダメと言われた漏水も、この手法で漏水箇所を特定したこともあります。

だいたいの場所がわかれば、その付近を目視で確認し、原因を探します。きちんと直すなら悪い所を交換。「漏れたらやり直す」という前提でよければコーキングなどで処理します。

屋根の張替えも考える

全体的に劣化している場合は屋根を張り替えるのも手です。フランス製の柔らかくて、軽い素材のスレートがあります。既存屋根の上に、このスレート素材を載せることで、雨漏りを止めることもできます。瓦を撤去して張り替えれば、屋根が軽くなるので、耐震性能の向上も期待できます。

しかし、高所作業は危険なので、業者さんに依頼したほうがいいかもしれません。私は実際にやって怖かったので、もうやりたくないし、危険な場所のＤＩＹでの施工はおすすめしません。

また、屋根材や外壁は防火地域など場所によっては使用できる材料が制限されており、不燃材料を使用しなければいけない場合があるので注意が必要です。

ＤＩＹであっても、屋根や外壁を対象とするときは法令等に違反しないか確認しましょう。

7 排水のつまり＝流しの逆流

難易度5、節約効果5、おススメ度5。
原因を把握して対策を取る。考えて解決できれば大満足。

つまりの原因を見つける

マンションの1階の人から、「時々流し台から水が噴き出るので見てほしい」という話がありました。話によると、「2階の人が水を流すと、流し台から水があふれ出ることがある。過去にも何度かあった」といいます。蛇腹のホースで排水管につながっている場合は、排水が詰まるとホースの継ぎ目から漏ることが多い。ところがこの流しは塩ビのパイプで、竪管（縦方向の共用の排水管）に直結していました。竪管が詰まると、行き場を失った水は詰まった場所より上のどこかにあふれます。それが1階のこの部屋の塩ビのパイプを通って流しのシンクに逆流する形になっていました。

このマンションは、その少し前に排水管を取り換えたばかりでした。工事をした業者に確認を依頼したところ「高圧洗浄し、ダメなら排水管の取り換えが必要」で、費用は最低3万円。たぶん配管を切って交換するのでもっとかかるといいます。別の会社に見積もりを依頼しました。「原因は流しから下（先）の排水管のつまり」で、まず高圧洗浄で3・5万円かかる。ダメなら配管を切り取って交換するのでかなりの金額になるといいます。

つまりのロジックを考える

そこで、排水管のつまりを次のロジックで考えてみました。

どこで詰まっているのだろうか？

①流しから水を流せば、配管が詰まっている場所までは水が流れる
②流し始めて水がたまり始める（流れなくなる）ときまでの水の量（体積）を測る
③水の体積を排水管の断面積で割り戻せば、詰まっている場所までの距離がわかる

そう考えて、場所を推定します。排水管の直径が5㎝であれば、半径の2乗×円周率が断面積なので、2・5×2・5×3・14＝19・6。1センチ当たり約20㏄、1ｍあたり2000㏄＝2リットルとなります。このときは20リットルくらいの水を流しに張り、一気に流してみました。しかし、半分くらいしか流れない。すなわち詰まりの位置まで10リットルの体積となる。1ｍあたり2リットル溜まるので5ｍ。水の一部は流れて行ったであろうから、つまりの場所はもっと流し台に近くなります。また、竪管内にも水が溜まっていくだろうから、つまりの位置は竪管内に溜まる分、さらに近くになります。流しの排水口から遠くても5ｍ以内で詰まっているだろうと推定。流しから2ｍ付近にあった竪管の点検口を開けてみました。下のほうに白い塊（おそらく油の塊）が見えたので、これが原因と推定しました。

〔図表26〕

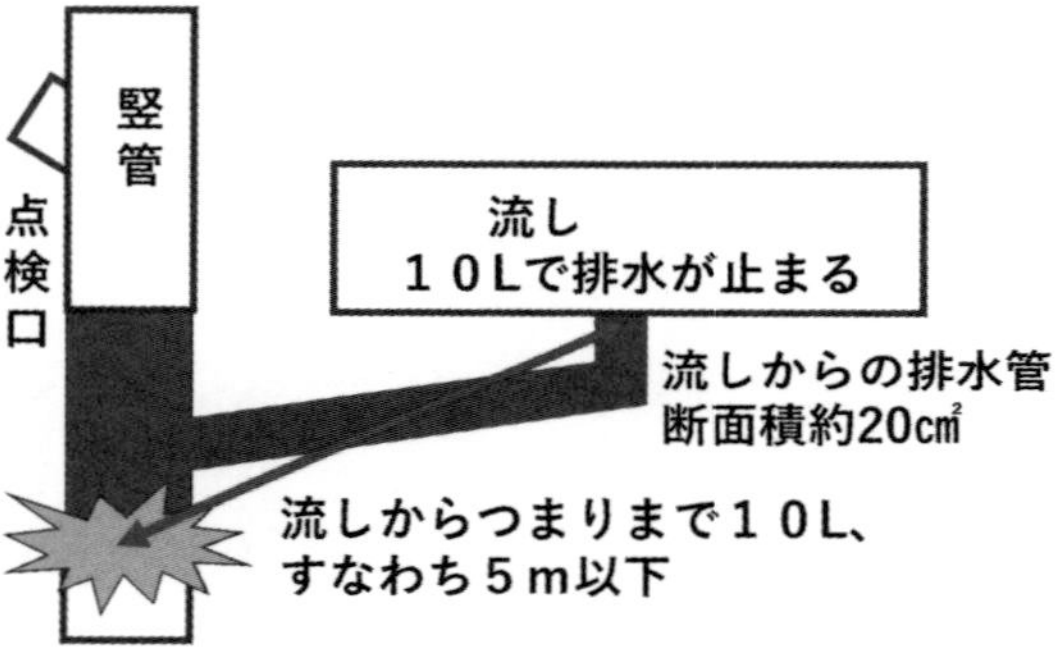

つまりの原因がわかったので、対策を検討。結果としてパイプ内の油を溶かす薬を買ってきて流しました。これでちゃんと流れるようになり、つまりという事象は解決しました。

原因を突き止めて対策を打つ

次は、つまりを引き起こした原因の究明です。実はこれが重要です。原因を改善しなければ、また同じことになります。住んでいる人の話だと、２階に住む人がアジア系外国人に変わってから起き始めた現象だといいます。２階の住人は、油を流しに捨てることを平気で行う国の人でした。管理会社を通じて注意してもらいました。これ以降、逆流することはなくなりました。

何でも業者に依頼するのではなく、「機能」から考えることが大切です。流すという機能を阻害している原因はなにか。それはどこか。その阻害を解くためにはどうするか。そして再発させない対策はどうするか。ここまで考えて、対策を打たないと同じ事象が発生します。

このＤＩＹで、業者だとそこまで考える人は少ないんだなあ。そう感じました。業者に依頼すれば「高圧洗浄」。それでいったんは解決するでしょう。お金をもらえば業者の仕事は終わりです。しかし、油は流し続けられるのでまた詰まる。そのたびに高圧洗浄をしなければならなかったでしょう。

機能から考えて、原因を突き止める。そして対策を打つ。そして結果が出たときには、大きな満足感が得られます。

8　沈む床を直す

難易度5、節約効果5、おススメ度4。

場所によっては何とかなる。

原因は3つ

歩くと床が沈む。よくある話です。私の経験では原因は大きく3つあります。「施工不良」、床の「材料（合板など）劣化」、そして「シロアリによる食害や湿気による腐朽」です。和室の場合はこれに、畳自身のへたりが追加原因として考えられます。

「施工不良」は、不良箇所を直せばいいです。隙間があるから沈むので、隙間をなくしてしまえばいいのです。床板をめくって、沈む場所を目視で確認すればわかります。

床板等の「材料劣化」は「狭い範囲」で沈みます。下に根太があるので、根太に問題がなければ、根太は沈まないので、根太と根太の間の床だけが沈む。だから沈む範囲が狭い。この場合は沈む部分の床板を切り取って新しい床板を入れます。

具体的には「引き回しのこぎり」で床板を切ります。引き回しのこぎりで床板をこする感じでごしごしやると、床板が切れてきます。少し切ってのこぎりが入るようになったらのこぎりで切り取ります。新しい床板は、床板の下の根太の部分で継ぐのが理想です。

もし、根太にあわせて切るのが難しいなら、根太の横を切り、根太に「受け」となる角材をねじ止めし、その上に新しい床板を止めてもいいです。あるいは、しっかりしている部分の既存床板の下に板をねじで止めし、その上に新しい床板を止めてもいいです。

あるいは、根太の横の受けと、既存の板の両方に止めてもいいです。いずれの場合も根太や床板などの既存のしっかりした部分に、しっかりと取り付けることがポイントです。

また、その周りの床板もそのうちに同じように劣化するかもしれないので、併せてその周りも交換しておくと安心だし、一部だけ剥がすより、全部剥がすほうが作業は楽かもしれません。全部剥がす場合は、板の弱い所をバールなどで破り、その穴にワンバイ材を入れて、てこ代わりに使い、床板を剥がしていきます。

原因を突き止めて対策を打つ

床板交換時に、単純に劣化なのかを確認するために床下を確認します。カビが生えていたり、水が溜まっていたりするとまた早期に劣化するので、原因を考えて対策を打ちます。排水管や給水管からの漏水ならそれらの修理。湿気が原因なら床下換気口の周りに物が置いていないか確認し、通期の改善を試みます。雨といの破損で床下に水が来ているようなら雨といを修理するなどの対策も併せてやっておきます。

厄介なのはシロアリと腐朽

厄介なのがシロアリの食害と腐朽です。これらの特徴の1つは「広い範囲で床が沈む」ことです。根太や大引きまでやられていたりするので、沈む範囲が広くなります。対策としては「食害を受けた（腐朽した）部分を新しいものに交換、または補強」します。

基本的には床板を外して、食害を受けた根太や大引きを補強、または取り換えます。柱まで食害を受けているとジャッキアップなどの大掛かりな工事になります。平屋で自動車のジャッキで持ち上げられる荷重なら、柱に板を当ててしっかりねじ止めし、その板にジャッキを当てて持ち上げることができるかもしれません。そのうえで食害された部分に新しい柱を入れてしっかり止めます。但し、構造に関する部分は相当の注意が必要なので、安易な施工はおすすめしません。

床下の構造は、部屋の周りに「土台」という柱があり、これにつながった「大引き」というものがあり、「束石」という石の上に載せられた「束」に支えられています。大引きの上に「根太」という柱が直角方向に存在して、その上に床板が張られます。その上に畳やフローリングなどが来るという形が一般的だと思います。「床構造」などのキーワードで、画像をインターネットで検索すればわかりやすいでしょう。

シロアリはこれらの木材の好きなところを好きなだけ食べます。程度にもよりますが、束や根太程度であればＤＩＹでも修理可能です。構造的な大きな荷重がかかるわけではないので、食害された部分を補強、または取りかえればいいです。

食害の場所や状況次第ですが、ワンバイ材を、食害された部分より広い部分にわたって両側からねじ止めして補強してもいいし、大引きや根太を追加で設置してもいい。束は金属製のものに交換してもいい。荷重を支えるという機能から考えて、荷重を支えられればいいのです。

職人さんだと「全部交換」になるかもしれませんが、「ＤＩＹなのでダメならやり直せばいい」と考えられるならこの方法でも十分です。

そしてもう1つ大切なのが、こちらも原因への対策です。シロアリの駆除と防蟻処理や、腐朽の原因解消です。シロアリが発生しないよう、腐朽させる水が来ないよう手を打たなければまた同じことになります。シロアリの駆除は少なくとも3社に相見積もりを取り、信頼できそうな業者さんを選びます。そして、最近の防蟻薬剤は効果が5年程度というのが主流のようです。効果が切れるとまたシロアリがやってくる可能性があります。湿気を排除して、風通しをよくする。そういう工夫が必要です。増築しているものにはこの点が考慮されてないものを見ます。建て増した部分は布基礎で、床下の風通しが悪くなり、十分な換気がとれてなかったりします。安易な追加工事で建物の寿命を短くしたりする事例もあります。

単に交換するだけじゃなく、原因を追究して、再発しない工夫をする。これが大切です。

9　床の傾きを直す

難易度5、節約効果5、おススメ度4。
かなり難しいが満足度も大きい。

DIYで直すなら

建物に傾きはつきもの。私はそう考えています。傾きの原因は、シロアリの食害や腐朽による柱の沈下、地盤や基礎の沈下、施工不良といったのが主な原因です。その「原因を考えて対策」を打つことが重要です。

傾きの原因を調べ、どこまでやるかを考えます。基礎が沈下しているなら基礎からやりかえたほうがいいかもしれません。あるいは、土台を持ち上げ、基礎との間にパッキンをかませるという方法もあります。

一部の束石が沈下しているのなら、束石の上に樹脂のパッキンを載せて高さを揃えます。

DIYで簡単に「とりあえず直す」のなら、傾いた既存の床に合板でつくったパッキンをおいて、その上に合板やフローリングを貼るということでしょうか。床が全体的に高くなりますが、一番簡単です。ドアの開閉に支障するなら、ドアの下部を切ったり、横引きのドアに換えたりしてもいいでしょう。

やり方は8章4で述べた和室の洋室化に似ています。違うのは根太を使わなくてもいいこと、低い所にだけパッキンを入れることです。パッキン上面の高さをそろえて、合板などの床板を載せてねじで止めて張ります。

パッキンの間隔は根太同様に約30㎝ピッチにすればいいでしょう。合板は最低でも12㎜を使いたいものです。ここは、個人の感性がでるので、もっと厚いほうがいいのであればそうすればいいです。

ポイントは「完全に水平にすればいいということではない」ということです。床が傾いているような建物だと、窓も傾いていることがあります。この場合、床だけを水平にすると、今度は窓の傾きが気になってくることもあります。

窓の傾きを調整するのは結構大変な作業になります。窓はそのままにしたいというなら、床は完全には水平にせず、ある程度の傾きを残して、傾いた窓との違和感を感じさせないようにして、相対的な視覚的な効果を狙ってもいいでしょう。どのくらいの傾きを残すかは、合板を敷いたときに何人かで「感覚的」に見るといいのではないでしょうか。

9 章

DIYで得られるもの

振り返ってみると、本格的にＤＩＹを初めてもう20年以上になります。大小合わせれば１００室を超えるリフォームをしてきました。戸建て、マンション、アパート、木造、鉄筋コンクリート造、鉄骨造などいろんな物件を見て、リフォームに携わってきました。ＤＩＹに関する本も3冊目です。フェイスブックのＤＩＹを楽しむ会のメンバーは２０２１年4月に４０００人を超えました。セミナーやＤＩＹ体験会で訪れた場所もかなりの数になりました。時々、ＤＩＹのプロだねと、嬉しいことを言われます。当初は作業でお金を節約してきましたが、今はセミナーや体験会、執筆など、ＤＩＹで少しお金をいただけるようになりました。

もちろん、上には上がいます。とりあえず自分では満足できるレベルに達しただけです。

そういう私のＤＩＹを振り返って、ＤＩＹで得られたものを皆さんにお伝えします。そういうメリットもあるんだ。そういうことも知ってもらいたいと思います。

1　達成感

得られる最大のものは達成感

ＤＩＹで得られるものとして、一番感じるのは達成感です。どんな小さなことでも、何かを形にしようとして、それが徐々に形になってゆくのは楽しい。そして、出来上がったときの達成感は必ずあります。

クロスを貼り終わった達成感、床が仕上がった達成感、ペンキ塗りが終わった達成感。リフォームしながら小さな達成感が積み上げられていきます。全部の作業が終わり、完成したときの達成感はひとしおです。

かつて、競売マンションを1人黙々とＤＩＹしてきました。そんな孤独な日々でも、ああ今日はここまでできたなと、日々達成感を味わって喜んでいたものです。次回はここまでなどと考え、少しずつ達成していくのはやはり楽しみでした。そして完成したときの達成感は大きかったです。その部屋を、相場より高い賃料で借りていただけたときの達成感はひとしおでした。3室目のＤＩＹが終わって、入居者さんが決まったとき、ああ、当面の目標は達成。これで老後も安泰だという達成感がありました。

できないというものができた達成感

最近は、業者ができないということでもやれたという達成感を味わっています。業者ができないと言っても、自分で考えて実施・解決できる。あるいは、原因を追究しその対策まで考えられるということもあります。

8章の7で述べた「つまり」では、業者は高圧洗浄や配管交換などお金のかかる話ばかりです。それをわずか数百円で解決し、再発予防の対策まで講じることができました。コラムでも書きましたが、結露によるトイレの壁の劣化（Ｐ117）、賃貸中の分譲マンションのユニットバスからの漏水（184頁）もそうでした。

「屋根を張り替えないと雨漏りは直らない」と業者に言われた知人の物件。自分で漏水箇所を調べ、業者の指摘した場所とは違う場所からの漏水であることを突き止めて、無駄な出費を防いだこともあります。

多くの業者さんは当然に私よりレベルが上です。しかし、中にはレベルの低い業者がいるのも事実。過去の繰り返しだけで、考えない・勉強しない業者もいます。古いから修理できないと言って、新品への交換をすすめる業者もいます。そういう意味では、レベルの低い業者には負けないようになったなという達成感があります。

また、業者さんによくみられる、大工だけ、クロスだけ、塗装だけといった単能工ではなく、何でもできる多能工になれたと思います。もちろん仕上がりの速度は勝てませんが、とりあえず必要なことはなんとかできるようになりました。そういった達成感も味わっています。

ＤＩＹで誰もが得られる達成感。小さなものから大きなものまでさまざまに楽しめます。

2　思い出

いつまでも残る思い出

作業が完成すると同時に思い出も完成します。形に残る思い出もあるし、作業中に考えたことや友達との会話など心の中に残る思い出もあります。

出来上がったものは、形を見るたびに作業したときの楽しさや産みの苦しみを思い出すことができます。使ってみて、その出来栄えに再度喜んだりします。そして、そのオリジナリティにも満足したりします。

作業をしていて、ここはどうするかなあと、やり方を考えたり、治具をつくって解決したり、別の方法に切り替えてうまくいったりする。そのプロセスも、結果も思い出として残ります。

形をつくっていくときの思い出もあります。あのときはこんな風につくったね。つくりはじめは完成が読めず辛かったね。こうしたほうがよかったかな。あのやり方はうまくいったね。あのときはああするしかなかったね。完成してみんなで喜び合ったね。形をつくっていくときの思い出は素敵な思い出です。

仲間と一緒に作業した。あのときのあの人との会話は楽しかったね。あの人のクロス貼りは上手だったね。一緒に話しながらペンキを塗ったねえ。作業が終わったときの夕日はきれいだったねえ。そのあと仲間と一緒に飲んだビールはうまかったねえ。仲間との作業も楽しい思い出です。

子供と木を切ったり、風呂の修理をしたり、がんばった子供を褒めたときの笑顔も大切な思い出だし、子供と一緒に時間を過ごして、人生を語れたのも楽しい思い出です。

残念ながらけがをした思い出もあります。そういう思い出もしっかりしまっておいて、次回以降にけがをしないような反省材料としていきます。

ＤＩＹだけじゃないけど、ＤＩＹで得られた思い出は大きい。ＤＩＹじゃなかったら得られない思い出もたくさんあります。

3　コスト削減

私はコスト削減のために始めた

これから大家になろうという人には、コスト削減効果が大きいでしょう。私の場合は、当初はこれが得られた最大のものでした。大企業の窓際サラリーマン。1日8時間拘束された残りの16時間は自由。週に2日の公休、年間20日の有給休暇、そして祝日は24時間自由です。時間はいくらでもある。そう思っていました。その時間が「コスト削減」という形で、価値を生みました。

ＤＩＹは時間の無駄。業者に頼めば3日でできるものを1か月もかけてやるのは、その間の家賃収入を考えると無駄だ。そう言う人もいます。

しかし、私には先立つものがありませんでした。物件を買ったら、手持ち資金は少なくなるし、融資を受ければ返済が始まる。その融資だって駆け出しのころは希望額を受けるのはなかなか難しい。私が大家になりはじめた当時は、事業資金の3割の自己資金が要求されていました。そうなると借りられる金額は多くありません。また、リフォームの「外注費」まで含んだ融資を受けることができても、その返済額が家賃収入を上回れば、生活に支障が出ます。

入居者さんが決まるまでの返済は自分の給料からしなければなりません。借金が増えるとその分返済額が増えます。入居までに時間がかかりすぎると、手持ちの資金が底をつき返済できなくなるかもしれません。借金を返済できなくなったらアウト。そう考えていました。

そういう中で私が選んだのは、ＤＩＹによるコスト削減です。時間は何倍もかかりますが、リフォームのコストは半分か、それ以下になります。その分、借入額を押さえることができ、月々の返済額が減る。チャンスロスはあるが、金銭的リスクは少なくできると考えました。コスト削減で借入金額と月々の返済額を減らし、金銭的リスクを減らすことが、家族を抱えた私に唯一許された大家への道でした。

お金が潤沢でない人が、リスクを少なくして大家になるにはＤＩＹが一番の近道だと思います。そして、そこで得たノウハウは大家になった後も生きてきて、しっかりした考え方ができるようになるし、さらなるコスト削減につながっていきます。

4　入居者さん目線

ＤＩＹだから見えてくる

作業中の休憩。床の上に座る、あるいは寝転ぶ。そうすると見えてくることがあります。

あれ？　アンテナの差込口、旧型だな。

あれ？　あの柱の汚れ気になるな。火災報知機の汚れも目立つな。

あれ？　あそこに棚があれば便利だな。

そんなふうに入居者さんの目線で考えることができます。

クロスを貼っていて、柱のペンキの剥がれに気づいたりします。外注だと、クロスはクロス屋さん、ペンキはペンキ屋さん。職人さんは単能工で、分業されていることが多い。

大家がクロスの貼替えを依頼したとします。クロス屋さんはペンキの剥がれには気づかないかもしれません。気づいても、依頼されていないし、専門外だし、余計なことはするまいと放置するかもしれません。大家への連絡もないかもしれません。クロスはきれいになっても、ペンキは剥がれたままで、クロスがきれいになったので、今度はペンキの剥がれが余計に気になる状態になってしまいます。入居者さんはそこに「暮らす」ので、小さなことも気になるでしょう。そういう小さなことがストレスになるかもしれません。

ＤＩＹだと、自分で身近に見ながら作業します。身近に見ながら、自分ですることで、小さなことに気が付く。クロス貼り替え時にペンキの剥がれにも気づくでしょう。ペンキの剥がれを見つけたら、入居者さんのことを考えペンキの剥がれも直すでしょう。そういうきめ細かなところまで気づき、入居者さん目線で見て、考えられることもＤＩＹで得られるものです。

大家を目指すなら、入居者さん目線で考えられる能力はとても大切です。現場で、入居者さんの気持ちを考えながら作業することで見えてくることは多い。そういう小さな積み重ねが長期入居につながり、安定した賃貸経営につながると考えています。

また、何か不具合が生じたときも、自分で速やかに対応できる能力を身に付けることで、入居者さんにかける迷惑も少なくなるし、入居者さんの信頼もアップすると考えています。

5　考える力

人生にプラスとなる力

ＤＩＹは実は考える場面が多い。そうして、考えることで、考える能力が身に付きます。まずは、何をしようとか、どういうふうにしようとか、じゃあどうすればいいのか。いろいろ考えます。

修理ではその考える力が試されます。まずは、現状がどうなっているか考える。次に、なぜそうなっているのか考える。そうして、それらを組み合わせて原因を考えます。原因がわかればその対策を考えます。そのうえで、元の状態に戻すための修理を考える。あるいはよりよい状態にするように考える。そして、それは効率よくできないか、コストを下げられないか、見た目をきれいにするにはどうするか考える。考えるべきことはたくさんあります。

リフォームもそうです。調整すべき箇所をまず考え、リフォームの目的や、費用を考え、どこまでやるのか、手順を考え、スケジュールを考え、外注についても考えます。そしてＤＩＹをやっていて想定通りにならない場合が出てきたりします。また考えます。場合によっては、作業する時間より考えている時間のほうが長かったりします。

考えることによって、それをＤＩＹで形にすることで、考える能力が身に付きます。

この考える能力が身に付くと、業者に負けないＤＩＹができるようになります。

そして、これは人生の他のシーンでも使える能力となります。

ＤＩＹは楽しいだけじゃなく、考える能力を身に付けることができます。

6　機能から考える力

問題解決力が付く

ＤＩＹをやっていると「機能から考える」ことができるようになります。

何かをやろうと思うときに、うまくいかないことがあります。そのときにどうするかを考えます。私は「機能（理屈）」から考えることにしています。

例えば、玄関に靴を置くスペースがあったらいいなと思ったとします。しかし玄関は狭いので、シューズボックスは置けない場合があります。こういう場合は「靴を置く」という「機能」から考えます。

じゃあ、置ければいいんだな。狭い面積に物を収納するなら、縦方向（上下方向の空間）を活用すればいい。じゃあ、平たく置くのではなく、立てておいてはどうか。じゃあ、板を斜めに付けて靴を斜めに「差し込める」ようにすれば奥行きも少なくなる。かかとで引っかかるようにして、靴を置くことは可能だな。あるいは、上がり框（上り口）踏み台を置いて、その下に収納できる引き出しを付けよう。あるいはドアの上に棚を付けてそこに靴を置こうなどと考えてもいいです。

機能を考え、それを実現するにはどうしたらいいかを考えます。もしうまくいかなければ、機能を実現できない理由は何か、それはどうしたら解消できるかを考える。靴を置く「面積」が狭いなら、「空間」つまり縦方向を活用しようと考える。そのためにはどうするかを考える。そういうふうに「機能」から考えることが大切です。

機能から考えることで費用が節約になることもあります。３章の５で書いたカウンターの話などがそうです。自分の気に入ったカウンターを付けるには壁の強度が足りないので、壁をつくりなおす。それも１つの解決方法です。しかし機能から考えると、壁の補強、脚の取り付けなどといった方法も可能です。機能から考えることで大きな節約にもなります。

ＤＩＹをやっているとそんな場面に多く遭遇します。「できない」から諦めるのではなく、「できない理由は何か」「できる」ためにはどうするか。そういう考えを持ち、経験を積むことで、機能から考える能力を身に付けることができます。

この機能から考える能力も、ＤＩＹ以外の場面でも生かされるケースはたくさんあります。

こういう「機能から考える」能力が身に付くのもＤＩＹならではのメリットです。

7　スケジュール管理能力

考えて、経験を積むことで進化する

リフォームを「効率よく」やるためにはスケジュール管理が必要です。そしてそのスケジュールも自分で考えます。これによって効率よく作業が進みます。どことどこをやらないと次の作業ができない。あそこは後でやったほうがやりやすい、などを考えます。

例えば、天井はペンキ塗り、壁はクロス貼り、床はフローリングにするとします。ペンキは3回塗るとします。天井のペンキを仕上げて、壁、床の順に作業すれば、養生が少なくて済み効率がいい。しかし、ペンキは乾かないと2回目以降が塗れない。こういう場合は、朝一番でペンキを塗り、昼は他の作業を考えます。昼はクロス貼り前のパテ埋め、あるいは床の下地づくりなどをします。帰る頃には朝に塗ったペンキが乾いているので、2回目のペンキ塗りをします。次回作業日は朝一でペンキを塗る。こうすれば2日目の朝一でペンキ塗りが完了するので、ペンキを塗るための養生は要りません。床にペンキが落ちても、床は後で仕上げるのであれば問題ありません。

床の仕上げは最後にするのであれば、床が「道具」になります。糊付け時に糊が床についても問題にはならないので、養生なしで糊付けに使えます。床にマスキングテープで印をつければ、クロスを1枚1枚巻き尺で測らなくても、マスキングテープに合わせるだけで簡単に同じ長さの物が用

意できます。壁のクロスは、同じ長さのクロスが数枚必要だったりするので便利です。クロス貼りのときの作業台や脚立の移動で、床を傷つけないように気を使う必要もありません。このように、スケジュールを考えることで効率よく作業ができます。

スケジュール管理では、手順を考えスケジュールをつくります。予定より作業が遅れた場合、どうして遅れたかを考え、どうすればリカバリーできるかを考えます。

こういう手順を考え、スケジュールを管理することは重要です。そしてこれは何度もやっているうちに考えるのが上手になってきます。

ＤＩＹでスケジュールを考え、スケジュールを管理する能力が身に付いてきます。

8　リスクを予測する能力

ＤＩＹで一番大切な「けがをしないさせない」ために

ＤＩＹではリスクを予測することが大切。「その先」を考えます。常にそういう考えをもって作業すればリスクを予測する能力が身に付きます。

カッターナイフで手前に向かって切ると、勢い余ると自分の手を切るかもしれないと考える。

このねじを打ち込んだら、壁の中の配線を切ってしまわないだろうかと考える。

電動のこぎりで切っていく先に、材料の下に危険なものはないかを考える。

こういう構造でつくった場合、強度は大丈夫だろうかと考える。

解体作業でこの部材を引き抜くとどうなるか、安全に引き抜けるかなどと考える。

実は、そういう考えは作業中にヒヤッとしたことの積み重ねだったりします。

そういう経験の積み重ねが、リスクを予測する能力を育てます。

ＤＩＹはリスクを考えなければいけないシーンが実に多い。リスクを予測し、それに対して準備する。そして、思った通りに危ない所だったとか、思いもしなかった事態になったとか、予測と結果がちゃんと出てきます。

考えながらＤＩＹをすることで、リスクを予測する能力は確実に付いていきます。

私は車の運転でもリスクを予測する能力を活かしています。予測運転です。40年間無事故無違反を達成したのはＤＩＹで得たリスクを予測する能力のおかげかもしれません。

9　人生に自信が

ＤＩＹで得られたもので人生に自信が付く

ＤＩＹをやっていると、いろんなものが得られます。ここで述べたこと以外にも得られるものは多いでしょう。

何かやろうと思ったときに、どういうふうにするか考えます。仕上がりはこんな感じ。じゃあ、いつまでにするのか、どういう手順でするのか、どうすれば楽にできるか、どうすればコストダウンできるか、友達と一緒に楽しめないかなどと計画を立てます。

しかし、思いもよらない事態に遭遇することもあります。そのときにどうしてそうなったかを考えます。そしてそうなった理由を考え、「機能」から考えて対策を打ちます。次回そうならないためにはどうするかを考えます。

また、スケジュールが遅れた場合、どうして遅れたのかを考える。どうすればリカバリーできるか考える。そして、想定通りに物を進めていきます。

ＤＩＹをこんな感じで進めていく能力が身に付けば、それは人生の他のシーンでも活躍します。資格試験の準備もそうだし、仕事でも生かせるでしょう。

私はそういう思考パターンをＤＩＹで身に付けました。その思考パターンは仕事にも生かしていますし、こうやって本を書くときも活躍しています。

お金がなかったのでやむなく始めたＤＩＹでした。しかし、しっかり考えながら長くやり続けたおかげで、問題を予測し、機能から考え、解決していく自信が付きました。人生に自信が持てるようになりました。

ＤＩＹ体験会などで、できないと思ったことを機能から考えて解決した場合、自分に言い聞かせるように私はこう言います。半分冗談ですが、半分本気です。

「機能から考えましょう。私にできないＤＩＹはない」

コラム・業者のいうことを鵜呑みにせず、自分で考える

賃貸中の分譲マンションでユニットバスからの漏水がありました。賃貸している部屋の下の階の方から「自室のユニットバスの天井から水が漏る」という漏水クレームでした。

このマンションはその漏水事故の２年くらい前に排水管を交換していました。そこで、状況がわかっているはずの、そのときの施工業者に見てもらいました。業者からは「ユニットバスが古いので交換しないと直らない」と言われました。

しかし、それではお金がかかるので、自分で漏水原因を考えました。まずは、階下のユニットバスの天井裏の配管を見ました。よく見ると、上の階の排水管周りを覆っている材料が破れていました。その周りに水が濡れた跡もありました。それをヒントに考えました。覆っている材料が破れて、水が漏れたようだな。なぜ破れたのだろう。それが解決への糸口となりました。

考え着いた原因は排水口のつまり。上の階のユニットバスの排水口に髪の毛等がつまっていて、排水が悪かった。大量の水をユニットバスの床面に流した。水はつまった排水口から流れきれずに床面にあふれた。ユニット内の便器と床の隙間から、ユニットバスの下のスラブ（床のコンクリート）に落ちた。スラブの水は、排水管とその周りのスラブの隙間から階下へ。階下の排水管と排水管の周りを巻いたカバーの隙間に流入。カバー内部に水が溜まり、溜まった水の重さでカバーが破れて一気に漏水。それが階下への漏水になったと推定しました。

そこで、賃貸中の入居者さん（漏水の原因をつくった人）に、ユニットバスの床に水があふれたことはないかと聞いたところ、何度かあるという。そこで、排水口清掃などの正しい使い方をお願いして解決しました。業者のいうことを鵜呑みにせず、自分で考える。ＤＩＹにも大切なことです。

10章

私がどうやって大家になったか

家が貧しくて、大学進学をあきらめた。

母親の経済的面倒を見ながらも、3人の子供には大学を卒業させたい。

上司に嫌われ窓際サラリーマンになって、出世と昇給の希望を失った私。

現在所有する賃貸物件の数も、家賃収入もそんなには多くありません。

でも、大家になったおかげで、経済的にも、精神的にも豊かになりました。年金生活への不安もありません。

そんな私がどうやって大家になったのか。

リスクを最小限にして、コツコツと賃貸物件を増やしてきました。お金がなかったので、DIYでリフォームしました。DIYで、知恵や、汗や、労力や、時間を物件に注ぎ、それをお金に換えてきました。そして、DIYで入居者さん目線を身に付けました。そう考えると、DIYで大家になったようなものだと思います。その流れを振り返ってみます。お金はないし金銭的リスクも取れないけど、これから大家になりたい。そう考える人の参考になれば嬉しいです。

1　オヤジの死が物件購入に

母の面倒をどうみるか

オヤジは私が27才のときに亡くなりました。収入の少ない人で、息子の私に残された財産はありません。

残されたのは母の経済的面倒をどう見るかという問題でした。

そのとき、私は大阪で働いており、家族は北九州市で借家暮らしでした。母と妹は、その筋の人が多いエリアで、女性だけの家庭になってしまいました。

オヤジがいるときはよかったけど、オヤジが死んだとなってはそんな所に住ませたくない。そう考えました。

そこで、母と妹が安心して暮らせるエリアに分譲マンションを借金して買って、そこに住んでもらうことにしました。そして、将来は自分がそこに住みたいなと思っていました。

やがて、妹は結婚。母は1人で暮らすことになるのか？　ところが、妹の旦那は心優しい、思いやりのある、いい男でした。家賃を払ったうえで母と同居してくれるといいます。ほっと一安心しました。

そうして家賃収入が入ってくるようになりました。借入金の返済が家賃で払えるようになり、楽になりました。手出しがゼロで、安全な住まいに母が暮らせる。家賃が借金を返してくれて将来は自分のものになる。不動産ってありがたいねえ。そう思っていました。

私はその後、福岡に戻ることができ、新規事業の開発や、子会社の管理などを担当しました。仕事は楽しかったし、昇格試験も毎回合格していました。そしてマイホームも建てることができ、母も一緒に暮らせるようになりました。毎日、何の不安もなく暮らしていました。

新規事業が認められて

そんなころ、所属していた支社の「トップ」から新規事業の提案を求められました。そこで、複数のテナントが入るフードコートを提案したところ採用となりました。今でこそ、どこのショッピングセンターに行ってもあるような形態です。

しかし、当時はそんな事例はおそらくどこにもありませんでした。上司は先行事例のないことには無条件に大反対。先行事例を探してこないと認めないといいます。先行事例がない事業はうまくいくはずがないの一点張り。今のようにインターネットは普及しておらず、事例を探すことはできず、計画は全く進みませんでした。そもそも先行事例はなかったと思います。

ある日、計画が進まない理由をトップに尋ねられたのでその話をしました。トップがとった行動は重役会議での発言。「お前たちはバカなんだから、黙って赤尾のいうことを聞け」と言ったそうです。これで、上司たちは沈黙。邪魔をされなくなりました。新規事業の準備はとんとん拍子に進み予定通り開業。企画書通りの大成功を収めることができました。

2　左遷をきっかけに

ある意味当然の結果が出た

しかし、私を認めてくれていたトップが替わるとどうなるか。結果は目に見えていました。トップから「お前たちはバカ」と言われた上司たちからの仕返しです。楽しかった新規事業開発から、やったことのない構造物保守のセクションに配置換えになりました。左遷です。長年、努力して身に付けたノウハウが生かせなくなりました。そして昇格試験を受けても合格できなくなりました。業務改善の提案をしても、それは他の人の名前で提出されました。会社での立ち位置は絶望的でした。そして何をやっても認められない窓際サラリーマンとなりました。

しかも、そのころから母には認知症の気配が出ていました。そんな母と、妻と子供3人。そして私は高卒。もう耐えるしかない。そう思っていました。

競売物件を低リスクで安く購入

そんなとき、「競売だと物件が安く買えるよ。ただし、ヤクザが牛耳っているんで怖いけどね」そんな話を聞きました。まずは図書館に通って調べて、自分なりに考えてみた。裁判所にも行ってみた。やはり現場は怖かった。競売の資料である3点セットを置いてある閲覧室は、煙草の煙がモクモク。怖そうなおじさんが机の上に3点セットを置いて、足まで机に上げていました。

はあ、やっぱり競売は怖いんだな。だけど安く買えそうだなと考えました。そこで、さらに図書館に通って勉強をしました。問題点を分析し、やり方によってリスクを回避できないかと考えました。そして、権利関係をしっかり確認して、怖い人と接点を持たないようにすれば、リスクは回避できそうだと考えました。そこで、立ち退き交渉の要らない占有者なしの物件で、怖い人は手を出さないであろう手間のかかる「残置物」の多いものを選ぶこととしました。そして、怖い人と顔を合わせる心配がない「特別売却」で買うことにしました。

次は買う物件のリスク軽減です。ノウハウがなかったので、木造戸建てだと構造などの劣化度合いがわかりません。想定外の修理費は大きなリスクになると考えました。分譲マンションであれば、構造などの主要な部分は管理組合が管理するので安全だ。これで、物件自体のリスクは減らせると考えました。

また、賃貸がうまくいかなかった場合のリスクを考えました。もし、うまくいかないときは売却でリスク回避しよう。マンションは売却相場が予測しやすいので、金銭的リスクも予測しやすい。そう考えて、見えないリスクの少ない「分譲マンション」を探すことにしました。

さらに、運営のリスクを減らすため、長期入居を考えました。ファミリータイプだと長期入居になって入退去が少ないだろうと考えました。

この結果、ファミリータイプの分譲マンションが、リスクが低く、管理の手間も少なくサラリーマン向きだと考えました。

これでリスクは回避できたようです。買うまでの怖い思いは一度もありませんでした。

しかし、その後が大変でした。怖い人たちが手を出さない、手間がかかってすぐには儲けることが難しい「残置物の多い物件」。手間がかかる物件を選んで買ったらどうなるか。結果は考えるまでもありません。それが私にＤＩＹをさせることとなりました。

3　時間を価値に変える

俺にできないはずはない

手間を承知の上で手に入れた最初の物件。それは、あまりにも残置物が多く、そして汚くて、悲惨でした。

やるしかない！　俺にできないはずはない！　そう思って黙々と努力。若かったので、気力も体力もありました。窓際サラリーマンなので、時間は豊富にあるし、ＤＩＹの疲れは会社の窓際で癒せばいい！　そんなふうに自分に言い聞かせました。

まずは残置物の処理。どれをどこに捨てればいいのか。軽トラなどは持ってないので、どうやって捨てるか。いろいろ工夫を考えました。小さなタンスや本など、「売れるかもしれない」物は、買い取り業者に持ち込み売却。「買取りできないけど置いていってもいいよ」と言われたものは置いてきました。引き取りすらしてもらえないものは解体し、乗用車に積めるサイズにして処分場に持ち込みました。ごみとして出せるものはごみ袋で捨てました。

リフォームは不具合の調整を優先。ドアの開閉調整、網戸や障子の貼り替え、クロス貼り替え、ペンキ塗り、カラン交換、シャンプードレッサー新設などです。カランの交換では締めすぎて配管を割ってしまい、その修理の勉強のために図書館に通う羽目になったりもしました。このころは作業時間より、図書館で調べている時間のほうが長かったかもしれません。

次は掃除です。隅々まで、これでもかというほど掃除をしました。これも図書館で掃除の本を読み漁って勉強しました。玄関ドアの外側までピカピカにしていました。

当時は夜勤が多い職場で働いていました。夜勤明けは朝6時。そのあとは自由な時間です。

3件目は職場から4㎞の場所でした。バス賃がもったいないので4㎞の道を1時間かけて歩いて行きました。部屋には布団を持ち込んであり、まずは1時間仮眠をします。節約したバス賃で買ったあんパンとオレンジジュースで朝食。近隣の迷惑を考え、音の出る作業は10〜15時。作業は17時までと自主規制をしました。休みの日も、朝から作業を黙々としていました。移動の時間を節約するため泊まり込んだこともあります。ひたすら時間を価値に、お金を稼ぐ装置の創造に変えていきました。

ところで、その物件は女子大の近くにありました。ベランダ越しに女子大生が楽しそうにキャンパスへ通う後姿が見えました。お金持ちのお嬢さん向きの私立大学です。あの子たちの親は金持ちなんだろうね。俺もいつかそうなりたいなあ。そうぼんやりと考えていました。歩いてバス賃を節約し、100円のパンをかじりながら眺めていた私には無縁の世界が見えていました。

時は流れました。その物件の投資回収は終わり、借入金の返済も終了。今は家賃収入が入ってくるだけです。

そして、そのお嬢さん大学を次女が卒業しました。

4　努力は安定収入になった

DIYの努力は実る

1件目は、やり方がわからないし、残置物の処理方法もわからない中、がむしゃらにがんばりました。

2件目は高齢者が独りで亡くなった物件。亡くなって2日くらいで発見されたといいます。早期発見だったから特殊清掃は不要でした。

しかし、これもすごかった。やはり部屋の空気が重い。じわっと抑えられる感じがします。さすがに泊まり込んでの作業は怖くてできませんでした。まずは窓を開けて換気です。そして残置物の処理。不具合を修理したら、あとはひたすら掃除。やがて、その部屋は私の努力を認めてくれて、だんだん明るくなっていきます。そうやって、一生懸命にひたすら時間と労力と愛情を注ぐ。DIYは私を認めてくれます。部屋は私の努力を認めてくれます。あきらめない限り、必ず努力を認めてくれます。やがて、人様にお貸しできるレベルになりました。努力が形になり、入居者さんにも私を認めてもらえることが喜びにもなりました。

3件目は残置物が一番多かった。窓を割って、侵入した形跡があり、部屋はかなり荒れていた。不具合も多く大変でした。誤って給水管を壊したり、夜勤明けの重い体で現場まで歩いて行ったり、女子大生を眺めたりと、思い出深い物件となりました。

その後、競売はブームとなってきました。「大家本」が出始め、サラリーマン大家のブームが始まろうとしていたころです。やがて、競売マンションは落札価額が高騰して魅力が薄れてきました。中には流通物件のほうが安いんじゃないの？　そんな価格で落札されるようになってきていました。

しかし、普通に流通している物件には格安なものが出てくるようになっていました。競売で購入した物件は3件。その後もう1件、普通に流通している格安物件を購入しました。年金確保の目標は達成できたので、これにて一件落着のはずでした。でもその後、３件の分譲マンションを買いました。人間って欲深いですねえ。

それにしても、私の物件たちは手間のかからないいい子です。

分譲マンションは管理が楽です。共用部の維持管理は管理組合がやってくれます。また、ファミリー物件を狙ったので、退去がほとんどありません。ちゃんとした人がそれなりの家賃を、まじめに払ってくれるので、何もしなくてもお金が入ってきます。

しかし、管理には積極的に参加しています。管理組合の総会には出るし、理事をやっている分譲マンションもあります。そういう姿勢は大事だと思います。また、管理組合のお手伝いをすることで、いろんなノウハウも身に付けることができました。

今はローンも終わり、家賃は丸々収入となっています。マンションの管理費、修繕積立金、固定資産税、火災保険料、不動産管理会社への管理料、時折生じる修理費を払った残りは全部自分のものです。

これらの物件のおかげで、毎月入ってくる収入は予想される年金を余裕で超えています。

5　高齢者向きアパート購入

困っている高齢者のためにアパートを購入

年金を超える十分な家賃収入が確保できたので、物件購入は打ち止めにするはずでした。

どんどん規模を増やす。そういう気は初めからなく、年金収入程度で十分と考えていたからです。

お金のために働くより、豊かな人生を過ごしたほうが得だと考えていました。リスクにおびえ、問題解決に奔走するより、豊かな時間を過ごしたほうがいいと思っていました。

しかし、ついにアパートを購入してしまいました。

その理由は、「困っている高齢者への住まいの提供」です。

私はそれを「高齢者向きアパート」と名付け、普及させたいと努力しています。

入居者を高齢者に限定はせず、多世代入居を目指す。また、バリアフリーにはせず、最低限必要なところだけ改修する。段差があっても、わかりやすく、越えやすくすればいいのです。手すりを付けるだけでも高齢者は安全に生活しやすくなります。そもそも、段差を認識し、それを越える残存能力の維持が大切です。健康で、元気に長生きするためにはこの能力を維持することが重要です。

私はこれをバリアありーと呼んでいます。

窓際サラリーマンとなり、自分の夢をあきらめていた当時の私。しかし、妻の夢を叶えるため、平成14年にはデイサービスを立ち上げていました。その中で、バリアフリーに疑問を持ち始めていました。そしてデイの利用者さんが住まいに困っている現実を目の当たりに見ていました。

そこで、じゃあ、アパートを買ってそこに住んでいただこう。極端な話、デイで健康管理して、風呂に入って、昼ご飯を食べれば生きていける。老人ホームに入らずに、アパートで安いコストで生活していただきたい。そして、孫に小遣いをあげたり、おでかけしたり、楽しく暮らしてほしい。そうすれば、利用者さんもそのご家族も幸せを感じていただける。利用者さんが老人ホームに入らなければ、私のデイのご利用が続く。お互いが幸せになれる。多くの人に幸せを感じてもらえる。そう考えました。

私の住む宗像市はトヨタの工場近くです。アパート購入当時は、トヨタの業績悪化で派遣を打ち切る「派遣切り」が続出、そしてアパートは空室だらけになっていました。稼働率1割というアパートもありました。そんな中、空室が続出しているアパートが売りに出てきました。

駅からは遠く、1階がガラガラ。しかし、通勤のない高齢者には駅からの距離は関係ありません。2階より1階が便利なので、高齢者向きアパートにはちょうどいいのです。そこで、多世代居住でバリアありーの「高齢者向きアパート企画書」を作成。信用金庫に持参して、公庫の融資を申し込みました。公庫の担当者は「物件に担保価値がない」ということで満額の融資には難色を示しました。

「こんないい企画を担保価値云々で潰すのはおかしい」そう言ってくれた信用金庫の支店長が、不足分をプロパーで融資してくれました。こうして私はフルローンでアパートのオーナーになりました。

高齢者向きアパートの詳細は、拙書『多世代居住で利回り30％！　高齢者向きアパート経営法』や、「健美家コラム」にも書いているので参考にしてください。

6　これから大家になりたい人へ

物件を買うのはスタートにしか過ぎない

何としてでも大家になりたい。大家になりたいけど無理だろうね。そんなふうに多少なりとも大家になりたいという考えを持つ人は多いでしょう。実は大家になるのは簡単だけど、継続は難しい。これが現実ではないか。そういう意味では会社経営と同じと考えています。会社を興すことは簡単だけど、継続は難しい。大家になりたいと思う人は物件を買う前に、まずそこを肝に銘じてください。物件を買うことを目的にしてはいけません。物件を買うことはあくまでもスタートです。

楽して儲けるのは難しい

大家になるノウハウ本は多いし、「投資家養成研修」「投資家へのコンサル」「サブリースアパート」

など、いろんな情報があります。以前、高齢者向きアパートのコンサルをしたときに、「自己資金はあるか」と聞いたら、「ない」という。「じゃあ、不動産の知識はあるか」と聞くと、「それもない」という。「じゃあ、勉強しながら自己資金を貯めましょう」と言うと、「楽して金儲けができる方法を教えるのがコンサルでしょ？」というような返事でした。

楽して儲けよう。そういうのはお金のない人には難しいです。お金があっても難しいかもしれません。そういう話に乗るから、騙されて破綻します。本当に楽して儲けている人は黙っていると思います。また、コンサルやセミナーで稼いでいる人の家賃収入はいくらあるんだろう。いったいいくら手元に残っているんだろう。私はそう考えてしまいます。家賃収入や派手な生活を自慢する人でも、いつの間にか消えてしまっていたりします。

最初の努力が「楽ちん大家」へのスタート

大家になって楽して儲けようと思えば、少なくとも「最初の努力」が必要です。そして、自分で取れるリスクの範囲でやっていくのがいいです。

私自身、金銭的リスクを避けるために、ＤＩＹで費用を抑えた。それにより金銭的リスクが低くなる。その積み重ねで生きてきました。その努力が実った今は、楽して収入が入ってくる「楽ちん大家」です。

私が大家になった当時は、大家本と呼ばれる書物は皆無でした。今は、たくさんの本があります。

それは、「その人の考え」で玉石混交です。立場が違う人が同じ手法でやろうと思っても無理だったりします。また、競売物件がそうであったように、「その時代だからうまくいった」手法もあります。そういう中で、自分の立場、生活状況をよく考えて、見習う相手を考えましょう。

ＤＩＹが豊かな人生へ

今回、私はＤＩＹの「考え方」の本を書きました。

ＤＩＹをすることで、いろいろと考える。スケジュールを考え、どうやっていくか考える。問題点が出たら機能から考え、解決していく。機能から考えれば必ず解決する方法はあるはずだ。その考え方は、私の人生を豊かにしてくれました。

ＤＩＹをする人には大家願望のある人が多いと思います。そう考えて、私が大家になった話を最後に書きました。私のやり方は「大儲けはできないし、労力は要るけど、金銭的リスクが少なく、堅実に稼げる」という手法です。

『戸建てのＤＩＹ再生による不動産投資（セルバ出版）』で大家になった日曜大家さんも同じような手法です。彼は、リスクを抑えながら外注も活用したスピーディーなＤＩＹで戸建てを再生して、堅実な大家になりました。お金はないけど大家になりたいと思う人には、ＤＩＹは堅実な手法です。

自分の置かれている状況をよく考えて、自分で夢を叶えていく。

夢を叶えるＤＩＹ。それがＤＩＹの真の醍醐味かもしれません。

コラム・大家になっていなかったら

私は総戸数30戸にも満たない弱小大家です。しかし、最初の物件を買って30年。最後に買った物件は5年前。借入返済がほぼ終わり、経費を除いた家賃収入は全額が自由に使えます。

母親は認知症がひどくなり、3年前から老人ホームに入所しています。妹が面倒を見てくれるので、ホームの費用は私が払い、妹には少ないけど小遣いを渡しています。

もし、あの会社で出世をしていたら、私は大家にはならなかったかもしれません。窓際で暇だったからＤＩＹができた。ＤＩＹができたから大家になれたのかもしれません。

もし、あの会社で出世してたいら、今頃は悲惨だったかもしれません。年金は十数万円。親を老人ホームに入れるお金はなく、親の介護をするためだけの人生になっていたかもしれません。あるいは、なんとか老人ホームに入れたものの、その費用負担で妹と揉めたかもしれません。

「ばあちゃんを介護してくれて感謝しとおよ。でも兄ちゃんの年金では老人ホームの費用は払えんけ、少し負担してくれんね」

「兄ちゃん、あたしが頑張っとおのは知っとおやろ！　うちの子は大学生でお金がかかるけ、無理に決まっとるやろ」

そんな会話の日々で、喧嘩の毎日だったかもしれません。

年金以上に不動産が稼いでくれるおかげで、兄妹は仲良くできる。そんな人生の余裕を不動産は与えてくれる。それを実感する日々です。

それにしても、30年間かけ続けたとしても大してはもらえない年金制度。生活保護を受けたほうが、豊かな生活ができるかもしれません。この国の年金制度はおかしい。

でも、そんなこと言っても始まりません。自分の生活は自分で守るほかありません。

ＤＩＹで大家になる。素敵な選択肢かもしれません。

コラム・堅実に大家になるには相続物件がねらい目？

最近は空き家が増えています。その多くは相続物件ではないでしょうか。それらは、家族に見放され、家具や布団などの残置物が多かったりします。残置物の片づけに手間がかかるし、長年放置された物件は、傷みが激しかったりします。だからなかなか売れなかったりします。中には「売り主希望価格」の半額で買えそうな物件もあるし、タダでもいいという物件も散見します。

残置物の処理などで手間がかかるけど、安く買えそうな物件。労力をつぎ込んで再生して、賃貸にすればそれなりの家賃収入になります。私が競売物件を買って大家になったときと、同じ手法が使えるかもしれません。私のように「規模は大きくなくていいから安定収入が欲しい。そのための労力は惜しまない」という人には都合のいい物件になるかもしれません。

物件を安く買って、ＤＩＹで再生する。そのプロセスが楽しめ、将来は安定収入になる。そういう可能性を秘めた物件が相続物件かもしれません。そう、「令和の競売物件」と呼んでもいいかもしれません。

しかし、築古戸建てには大きな問題が潜んでいるかもしれません。基礎が沈下していたり、シロアリの食害や雨漏りなど、表面だけを見ただけではわかりにくい問題があるかもしれません。そして、それは業者でも気づかない内容かもしれません。でも、納得いくまで調査することは可能でしょう。

今はネットでいろんな情報が入ります。やり方がわからなければ動画で見ることもできます。１人でやるＤＩＹは孤独ですが、ネットで仲間を募り一緒にDIYすることで、楽しみながら再生することも可能です。

不動産投資はあくまでも自己責任です。６章で述べた物件の見方を１つの参考にして、しっかりと物件を見極めてください。

コラム・がんばって大家になりたい人は「高齢者向き」がいいかも

「高齢者向きアパート」は、駅から遠くても、駐車場がなくても、3点ユニットバスでも、狭くても、築古でもあまり関係がありません。こういう物件は不人気で、安く買えることがあります。安く買った物件をＤＩＹで再生していけば高い利回りが期待できます。そして、高齢者は長期入居が期待できます。介護事業者と連携することで多くの問題が解決でき、安定したアパート経営ができます。そして、多くの人に幸せを感じてもらえます。連携できる介護事業者さがしなど、最初にかなりの努力が必要ですが、リスクの少ない手法です。『多世代居住で利回り30%! 高齢者向きアパート経営法（セルバ出版）』で共著した鈴木かずやさんは、まさにこの手法で大成功した人です。

空室率42%という、がら空きエリアの土浦市で高齢者向きアパートを始めました。5年後の現在、4棟の高齢者向きアパートと戸建て1戸をほぼ満室で経営しています。高齢者に住まいを提供し、社会的にも役立つ高齢者向きアパートは、「不動産投資」ではなく「事業」です。大家も高齢者も介護事業者も幸せになれる、世の中の役に立つ「事業」です。不動産投資ではなく、「世の中の役に立つ事業」。その切り口は公庫の融資にも有利に働くでしょう。築古戸建てを、高齢者と若者が一緒に住めるシェアハウスにすれば、物件を買う金額はアパートより抑えられます。残置物の多い築古戸建てを安く買ってＤＩＹでリフォームすれば、費用はかなり抑えられます。そこに高齢者と一緒に家族で住めば、子供たちの人格形成にもプラスになります。高齢者と暮らすことで、思いやりのある優しい人に育つからです。お金はないのでＤＩＹでがんばって大家になりたい人には向いている手法でしょう。

ちなみに、高齢者向きアパート成功者の鈴木さんはこう言っています。「高齢の方、地域の福祉介護関係の方にお役に立てる住環境を提供できるかを考え続けることが大切。これから始めようと思っている人は、物件ありきではなく、まず介護事業者の方とのつながりづくりから始めるのがいい」。

コラム・私がセルバ出版から出版する理由

私は、本書で8冊目の出版となります。最初に書いた本以外は、全てセルバ出版社からです。

1冊目の『実録競売マンション経営』は、いわゆる大家本です。窓際サラリーマンが苦労しながらも大家になった話を書きました。3社に送ったところ、1社が80万円で出版してあげるよ、1社は返事なし、残る1社からOKをもらいました。当時は大家本がほとんどなく、新しいジャンルの本だと考えてくれたのだと思います。確か3刷（2回の増刷）まで行ったと思います。去年までアマゾンで新品が売られていました。

2作目の介護本。これはまず5社に送りました。お金を払えば出版してやるよというのが1社のみ。あとは全部反応なし。どうしたものかと悩んでいたら、「セルバ出版は夢を応援してくれるよ」という話を聞きました。そこで、セルバ出版に原稿を送りました。おかげで、2回目の出版という夢がかないました。

それ以来、出版は「夢を応援してくれる」セルバ出版と決めてしまいました。

本を出したいという人がいれば、セルバ出版を紹介してきました。私が関与した本は20冊近くになります。私の友達の夢も叶えてくれました。

夢を応援してくれるセルバ出版。

あなたも出版の夢があればチャレンジしてはどうでしょう。

文字数は8万字程度。原稿を書くだけなら、お金はかからないし、夢は広がります。

本を出すと、人生が大きく開けることもありますよ。

出版の夢叶えませんか。

人生の夢を叶えませんか。

コラム・簡単に楽しめるＤＩＹだが、しっかり考えてほしい

ＤＩＹって何だろう。ウイキペディアによると「ＤＩＹとは、素人が、何かを自分でつくったり修繕したりすること。英語の Do It Yourself の略語で、「やってみよう」の意。「D.I.Y.」とも」とある。

昔は、このようなことを日曜大工と呼んでいた。それは、本棚を作ったり、椅子をつくったりとかいう程度だった気がする。つくった椅子が壊れても、笑って済ませられる程度だった気がする。規模は小さく、電動工具も普及してなく、失敗しても程度は知れていた。

私がＤＩＹを始めたころは、ＤＩＹの材料入手が難しかった。また、ノウハウを学ぶには、書物しかなく、図書館に通って本を読み漁るしかなかった。多くの書物は専門的過ぎて、理解が難しかった。ＤＩＹを学ぶことに適した本はまずなかった。かつては結構ハードルが高かった気がする。

今はインターネットの普及で、必要な材料は豊富で、簡単に手に入る。また、やり方についても、写真や動画で簡単に理解できる。これに伴って、自分でできる作業が飛躍的に増えた。その気になれば、ネットの情報検索で家を建てることも不可能ではなさそうだ。

ＤＩＹだから何をやってもいい。

それはある意味では正しい。しかし、４章に書いたように、やってはいけないこともある。こういうことを知らないでやってしまうと、後で大変なことになるかもしれない。

また、電動工具もいろんな種類のものが、安価に手に入るようになった。電動工具の利用でけがをする人も多い。私の周りでも、丸鋸で指がちぎれそうになったり、チェーンソーで足を切ったり、死ぬような目にあった人もいる。けがはしてもさせてもいけない。

ＤＩＹは自由に楽しんでほしい。ただし、そこには考え方や、お約束事があるのを忘れないでほしい。

コラム・子供をＤＩＹの現場に連れ込む方法

子供とのＤＩＹは楽しく、思い出に残る。子供と話すチャンスだし、子供を褒めるチャンスだ。大きくなった子供は戦力にもなる。私の息子はすんなり一緒にやってくれたけど、そうでない子供も多いだろう。

ではどうやって子供を現場に「連れ込む」か。

一番望ましいのは、一緒に楽しむ手法。ＤＩＹって楽しいんだよと教える。楽しいから一度一緒にやろうと誘いだす。そこで楽しいと思えば、それが一番いい。作業後には、おまえのおかげで助かったよ。父さん楽ができた。おまえ才能があるよなどと褒める。そして一緒に美味しいものを食べたり、家族で夕食を食べるときに「兄ちゃんが手伝ってくれたおかげで、楽しかったし、はかどったよ」と話題にする。そうすれば、兄ちゃんは嬉しいし、妹も行ってみようと思うかもしれない。

まあ、それは理想で、現実は厳しいかもしれない。次なる手は、「お願い」だ。「明日の作業は重いものを持たなくちゃいけないので、兄ちゃん少し手伝ってくれないか。頼りにしてるから。」などとお願いする。頼られると兄ちゃんとしては後に引きにくい。で、現場に連れ出しベタ褒め作戦を展開。あとは上記に同じく褒めて感謝する。

それでもダメなときは、自主的に手伝いを言わせる。ここは母親の出番だ。「ねえ、お父さんＤＩＹで大変らしいよ。腰も痛いらしい。兄ちゃんが手伝ってくれるとお父さん喜ぶよ」と言ってもらう。ああ、お母さんはお父さんを心配してるんだ。じゃあ、ぼくが手伝おう。そうなるかもしれない。あとは上記と同じく褒めて感謝する。

それでも難しい場合は、金の力だ。日当５０００円あげるから、ちょっと手伝ってと、金で釣る。現場に連れ出したら、あとは上記に同じ。

子供を連れ込むポイントは、子供に「メリットがある」こと。

美味しいものを食べさせたり、小遣いを渡したり、物を買ってあげる。一番いいのは、子供を褒めることなのは間違いない。

おわりに

2020年。全国を震撼させたコロナ禍で、セミナー、コンサルのご依頼がほぼ全滅しました。出張もなくなり、突然、暇になった私。血圧が高いので、有り余る時間で散歩を開始しました。おかげで免疫力もアップしたのでしょう。風邪ひとつひきません。そんな中、セルバ出版の森社長から「次の本はいつ書くの」と言われました。本を書くのはかなりのエネルギーと時間が必要です。時間はあるが、エネルギーはもうないなあ。そう思っていました。

一方、各地で「密」になりにくい「DIY体験会」を楽しみました。その中で、「DIYを始めたいけど、どうやって始めたらいいかわからない」。そういう話をする人が多いことに気づきました。それを聞いて、本を書こうかと思い始めました。

また、フェイスブックのDIYの投稿を見ていて考えさせられました。ん？　こんなことやってはいけないんじゃないの？　そういう投稿も散見しました。

「そうか、知識がなくて、考え方もわからなくて、気づかずに恐ろしいことをやっている人が多いんだな。そういえば私も、昔は何も知らなかったなあ」そう思い至りました。そこで、知らずに恐ろしいDIYをしている人たちに警鐘を鳴らし、楽しく正しくDIYを楽しんでもらうために、本書を書くことにしました。

もちろんDIYにはいろんな楽しみ方があります。自由に楽しんでもらえばいいと思います。私自身、本書に書いてあることだけが正しいとは思っていません。あるいは、プロや専門家から見ればおかしいところがあるかもしれません。しかし、20年を超えるＤＩＹ経験から、ＤＩＹは考え方が重要だと思います。そこで、私なりの「考え方」を書きました。

ネットや動画で「手法（やり方・テクニック）」を学ぶのは簡単ですが、「考え方」を学ぶのは難しいかもしれません。考え方は、書物で学ぶのが一番いい気がします。

自分のペースで書物を読んで、考え方を自分なりに考える。具体的なテクニックはネットで調べる。それがＤＩＹ上達の王道だと思います。本書の「考え方」を参考に「正しく楽しいＤＩＹ」を楽しんでいただければと思います。

末筆ながら本書を書くきっかけをくれた、九州大家の会会長の小場三代さん、目次をつくるときにアドバイスをくれた「ＤＩＹを楽しむ大家の会」の皆さん、執筆中の原稿にアドバイスくださった「ＤＩＹ体験会合宿」の皆さん、推敲時のアドバイスをくださった、『戸建てのＤＩＹ再生による不動産投資（セルバ出版）』を書いた日曜大家さん、ありがとうございました。この場を借りてお礼を申し上げます。

本書をお読みいただいた方が、ＤＩＹを楽しんでいただけることを願って筆をおきます。

赤尾　宣幸

著者略歴

赤尾　宣幸（あかお　のぶゆき）

デイサービスを経営する兼業大家。健美家コラムニスト。DIY を楽しむ会・DIY を楽しむ大家の会・高齢者向きアパートの会主宰者。DIY 大家歴 23 年。各地でセミナー、DIY 体験会を開催している。DIY で不動産経営というブログは気が向いたときに更新中。

平成 10 年、競売で落札した分譲マンションを DIY でリフォームして賃貸することを始め、今でいうサラリーマン大家となる。

分譲マンション、アパート、戸建て、鉄筋コンクリート、鉄骨造などを DIY でリフォーム。大小合わせると 100 室を余裕で超える。そのうちスケルトンに近いリフォームは約 1 割。

経費削減のために始めた DIY だが、だんだん楽しめるようになってきた。最近は DIY の楽しさを知ってもらうために、フェイスブックのプライベートグループ「DIY を楽しむ会」「DIY を楽しむ大家の会」を主宰。セミナーや「DIY 体験会」を開催しながら、仲間と DIY を楽しんでいる。

また、高齢者が安心して暮らせる「高齢者向きアパート」の普及にも努力しており、セミナーや情報交換の会「高齢者向きアパートの会」を主宰し、情報発信をしている。コンサルでは、考え方～物件購入～運営まで支援している。高齢者向きアパートが増え、1 人でも多くの人に幸せを感じてほしいと願っている。

なお、フェイスブックの友達リクエストは「メッセージをいただいた方」のみ承認している。

ＤＩＹの楽しみ方
始め方から築古再生まで～ＤＩＹで大家になった私の「考え方」

2021年7月9日 初版発行　　2021年8月31日 第2刷発行

著　者　赤尾　宣幸　© Nobuyuki Akao

発行人　森　忠順

発行所　株式会社 セルバ出版
〒 113-0034
東京都文京区湯島 1 丁目 12 番 6 号 高関ビル 5 B
☎ 03（5812）1178　　FAX 03（5812）1188
https://seluba.co.jp/

発　売　株式会社 三省堂書店／創英社
〒 101-0051
東京都千代田区神田神保町 1 丁目 1 番地
☎ 03（3291）2295　　FAX 03（3292）7687

印刷・製本　株式会社 丸井工文社

Printed in JAPAN
ISBN978-4-86367-671-8